数字经济建设与发展研究

赵亚茹◎著

中华工商联合出版社

图书在版编目（CIP）数据

数字经济建设与发展研究／赵亚茹著. －－北京：
中华工商联合出版社，2023.7
ISBN 978-7-5158-3720-8

Ⅰ. ①数… Ⅱ. ①赵… Ⅲ. ①信息经济-经济发展-
研究-中国 Ⅳ. ①F492

中国国家版本馆 CIP 数据核字（2023）第 131820 号

数字经济建设与发展研究

作　　者：赵亚茹
出 品 人：刘　刚
图书策划：北京众帮远航文化发展中心
责任编辑：胡小英　楼燕青
封面设计：万典文化
责任审读：付德华
责任印制：陈德松
出版发行：中华工商联合出版社有限公司
印　　刷：北京毅峰迅捷印刷有限公司
版　　次：2023 年 9 月第 1 版
印　　制：2023 年 9 月第 1 次印刷
开　　本：710mm×1000mm　1/16
字　　数：192 千字
印　　张：13.5
书　　号：ISBN 978-7-5158-3720-8
定　　价：58.00 元

服务热线：010-58301130-0（前台）
销售热线：010-58302977（网店部）
　　　　　010-58302166（门店部）
　　　　　010-58302837（馆配部、新媒体部）
　　　　　010-58302813（团购部）
地址邮编：北京市西城区西环广场 A 座
　　　　　19-20 层，100044
　　　　　http：//www.chgslcbs.cn
投稿热线：010-58302907（总编室）
投稿邮箱：1621239583@qq.com

PREFACE

随着计算机网络和数字技术的飞速发展，数字经济的浪潮不断涌现，它已经渐渐成为世界上最重要的经济增长引擎。数字经济的发展，为各行业开启了一扇崭新的大门，同时也是推动传统经济转型升级的主要方式和动力，给社会带来了无限的机遇和挑战。大数据、云计算、区块链、人工智能等新兴数字技术迅速占据了制高点，在各个经济领域中得到了广泛的扩散和应用。被称作"第四次工业革命"的数字技术革命，对经济和社会的发展产生了深远的影响。在这样的大变化面前，亟须从全球、国家、行业和企业等不同层面，准确掌握数字经济发展的趋势和影响。

中国作为全球数字科技大国，发展潜力巨大，前景光明。数字化浪潮正以前所未有的速度改变着传统的商业模式，并催生出大量充满活力的数字企业，从而不断增强中国经济的国际竞争力。中国市场体量庞大、拥有大量网民且较为年轻，为数字化商业模式的迅速商用创造了条件；不仅诞生了一些数字化巨头，更形成了一个持续扩大的数字化生态圈；政府重视数字经济的发展，不仅为数字化企业提供了足够的试水空间，而且也是数字经济的主要投资者。中国的数字经济正处于高速发展阶段，但其理论和应用的研究却相对较少。今后，应把研究数字经济作为一项重要且紧迫的任务，实现与数字经济的发展同步推进。为使读者对数字经济的发展有一个整体的认识，我们特编写此书，希望能开启更多关于数字经济发展的讨论与研究。

本书从数字经济的介绍开始，对数字经济的特征、数字经济的影响展开了分析和研究；除此之外，还对数字经济发展的战略决策、数字经济制度体系的构建、数字经济协同治理、智能化数字经济的构建等方面进行了一定的介绍。它还对数字经济企业的创新管理、数字经济下产业的转型升级以及推动数字经济转型等内容进行了分析，目的是为数字经济的建设和发展探索一条科学的途径，使其工作人员在使用过程中少走弯路，使用科学的方法，提高工作效率。

CONTENTS

目　录

1

第1章 数字经济

概　述

随着新兴技术的发展，以人工智能、大数据、区块链、云计算和第五代移动通信技术为核心的新一代信息技术，对数字经济产生了巨大的影响，并渗透到了公共服务、社会发展和人们生活的方方面面。

随着数据在数字经济中的地位越来越突出，传统的"一元化"的信息网模式已不能满足高速发展的数字经济的需要。区块链作为一种能够实现分布式存储、不可篡改、防抵赖的技术系统，能够建立一个对等的价值传递网络，并通过加密等技术，实现了数据价值的确权和资产的数字化。由于其特有的共识和奖励机制，区块链能够复刻真实的经济系统，提高价值传递的效率，减少公司的经营费用，是构建数字经济和信息化社会不可或缺的一环。

一、数字经济

数字经济是以数字化的知识和信息为关键生产要素，以数字技术创新为核心，以现代信息网络为主要载体，通过数字技术与实体经济的深度融合，不断提高传统产业的数字化、智能化水平，加速经济发展与政府治理模式的一种新型经济形式。数字经济是一个更高水平的经济形态，要了解数字经济，就需要我们打破现有经济模式的思考方式，扩大我们的视角与空间。我们将数字经济视为与工业经济、农业经济相似的经济模式与经济规律，但是，数字经济是在工业经济、农业经济基础上产生的一种飞跃，所以，它不仅扩大了传统经济模式的研究范围，而且还扩大了现实中的应用范围。

数字经济的构成有两个方面：一是数字产业化，即数字经济基础，信息产业，其具体形态包括电子信息制造业、信息通信业、软件服务业等；二是工业数字化，即与数字经济相结合的部分，包括了利用数字技术提升传统工业的产出和效益，是数字经济的重要组成部分。

当信息技术达到某种水平时，数字经济就必然会产生。在数字经济发展过程中，与农业经济时代的劳动力和土地、工业经济时代的资本和技术的一样，数据是最重要的生产要素。具体而言，数字经济源于网络经济，源于网络信息技术带来的巨大财富。随着移动互联网、物联网、云计算和智能终端等技术的快速发展，大数据正逐渐变成一种具有强大潜力和生命力的战略性基础性资源。

新时代，"数字经济"和"绿色经济效率"成为引起广泛关注的话题。2021年全国两会提出，"大力发展数字经济，促进其与实体经济的深度融合，促进其绿色、低碳发展，提升资源利用率。"在新时代，对数字经济与绿色经济效率进行研究，具有重大的理论价值和实践意义。其中，理论基础研究是探索两者的内在逻辑关系，并对其进行深入研究的重要基础和先决条件。在此基础上，本文对数字经济、绿色经济效率及二者关系的理论基础进行了阐述。其中，数字经济理论主要表现为信息通信技术发展的相关理论。

二、理论基础

（一）网络效应理论

数字经济是将5G、大数据等新一代信息通信技术运用到经济社会发展中的一种重要表现，其驱动本源是信息通信技术。在信息通信技术诞生之初，以色列学者杰弗里·罗夫斯（Jeffrey Rohlfs）于 1974 年提出了网络效应理论，他认为用户从信息通信服务中得到的效用与使用信息通信业务的人数成正比，即使用信息通信业务的人数越多，其对个人的效用和创造的总价值也就越大。在此基础上，1993 年美国学者乔治·吉尔德（George Gilder）提出了"梅特卡夫定律"，他认为网络的正外部性很强，它所产生的价值可以表示为 $Y = A \times X^2$，其中 Y 表示网络创造的价值，X 为网络节点数，A 是系数，是正值。其内涵是网络创造的价值与网络内节点数的平方成正比。在互联网迅速发展的今天，梅特卡夫定律被越来越多地广泛运用。

文书主要从三个方面对信息通信技术进行了研究。一是信息通信技术的影响。信息通信技术能够有效地推动各类信息的流通，并增强其流通性，形成一定程度的规模效应。在网络中，每个主体和企业都能够从网络的参与中获得更多的利益，这对于公司的生产运营和经济社会发展具有更强烈的推动效果。这表明伴随着信息通信技术的不断进步，其所能够发挥出来的经济效应也将越来越大。二是科技网络的作用。信息通信技术作为一项通用性技术，能够促进产业的多样化发展，进而促进产业的升级。三是在工业生产中发挥着网络效应。信息通信技术可以突破传统的地域限制，给各个国家和区域的企业之间进行分工与合作带来了方便，拓宽了分工与合作的领域，有利于在较大的区域内发挥比较优势，进而提升生产效率。另外，国外的部分学者也通过实证研究的方式，对信息通信技术的网络效应进行了检验，发现随着信息通信技术的发展，其对经济社会发展的积极作用也在逐步加强。

（二）创新理论

由于数字经济本身就是一种技术创新，所以，在发展数字经济的过程中，技术创新具有十分突出的意义。"创新理论"（Innovation Theory）是由约瑟夫·阿洛斯·舒姆皮特（Joseph Alois Schumpeter）率先提出的。该理论认为创新是一个国家根本的经济发展动力，并把它作为一个国家最根本的发展动力。约瑟夫·阿洛斯·舒姆皮特提出，创新的本质是与生产要素的新结合，是一种新生产函数在生产中的运用，企业家是实施创新的主体，是对生产要素进行再结合的执行者和促动者。创新是经济增长的源泉与动力，约瑟夫·阿洛斯·舒姆皮特运用创新理论，深入分析了经济周期的形成原因。他相信，在这种情况下，创新使经济结构发生了"创新性破坏"，它打破并改变了原有的经济结构，从而产生新的经济结构，并促进其变化。同时，在社会经济发展过程中，创新的种类繁多，在各个经济周期内，其数量和质量呈现一定的差异，导致其对经济发展产生影响的时机和强度各不相同，体现了经济发展的阶段性特征和波动性特征，即存在着一个经济循环，因此，创新行为与经济循环紧密相关。"创新理论"是我国经济、社会和产业发展重要的理论基石，众多的研究人员围绕着这一理论展开了一系列研究，比如熊彼特主义的埃德温·曼斯菲尔、莫顿·卡米恩、南希·施瓦茨等人，他们把"创新"看作是经济发展的根本动力，并且对约瑟夫·阿洛斯·舒姆佩尔提出的"创新理论"作了一定的完善。英顿·凯曼（Morton Kamien）和南希·施瓦茨（Nancy Schwartz）解释了创新与市场结构的联系，并进一步分析了市场结构对创新的作用，提出了随着市场竞争的加剧，企业的创新动机也会增强，企业的创新速度也会加快。然而，企业在市场上的规模又不能过小，不然会影响企业筹集到创新资金，也会影响到企业的市场开发。

当前，随着信息化与通信技术的快速发展，以网络、大数据为代表的信息化与网络化驱动着企业的创新转型，即"创新2.0"时代。这一时期的改革具有"人人参与""开放性"等特征，并具有"改革的民主"特征。在创新2.0模式中，多主体共同参与创新，更加凸显了技术进步与创新的互促作用。科技创新促进了科技进步，与此同时科技进步也是科技创新的动力，二者相结合，有助于推动更高层次的技术创新。此外，创新资源在网络中的传播和扩散效率也得到了提高，从而打破了传统的创新扩散的"瓶颈"，加快了其在网络中的传播速度。

（三）内生增长理论

数字经济与绿色经济效率都体现出经济增长的质量，但是内生增长理论侧重对经济增长的质量和科技进步的说明。在此基础上，本文提出了一种新的发展模式：建立了一个以内生增长为基础的"绿色经济效能"模型。新古典增长理论把技术进步视为外生的随机事件，并且假定"规模-收益"为恒定值，这对于解释长期的经济发展有着很大的局限性。

最近，在世界范围内，内生增长理论是最有影响力的一个研究方向。肯尼斯·J. 阿罗认为，"学"和"练"是获取和扩散知识的重要途径。他最早将技术进步视为输入和输出的副产品，并在此基础上建立了一个"干中学"模式，从而为一国家的经济发展提供了一个新的视角。1986 年，罗默在肯尼斯·J. 阿罗的基础上，建立了一种新的知识外溢模式。罗默指出，知识同样是一种资产，但是其性质不同于普通的有形资产。知识既具有正外部性，又具有外溢作用，任何个人都能在一定的条件下，从社会环境中不断地学习，从而提升自身的技术和劳动生产率，从而获得不断增长的边际回报，他相信，不断地累积的知识对于促进社会和经济的发展起着举足轻重的作用。罗伯特·E. 卢卡斯（Robert E. Lucas）的研究表明，在经济增长中，人力资本作为一种新型的经济增长动力，可以很好地解释经济增长与人力资源之间的内在联系。罗伯特·E. 卢卡斯将技术进步的影响因素内生化，构建了一个新的经济成长模型。他提出了一种"内生性"的观点，并认为存在"内生性"和"外生性"两个概念，即人力资本不仅可以给个人带来利益，还可以提升全要素生产力。所以，人力资本已成为经济持续发展的一个重要引擎。本书认为，技术进步作为一种可持续发展的驱动力与来源，是一种可持续发展的理论。

5

（四）绿色增长理论

绿色经济效益理论的来源与依据是绿色增长理论。在此基础上，结合新古典与内生两种经济发展模式，分析了人力、资金与技术在我国的发展过程中所起的作用。随着我国工业化的加速，资源短缺、环境污染等问题日趋严重，在经济发展过程中，需要走一条新的道路。在各个时期，对于"绿色增长"的认知和理解是各不相同的，而绿色增长理论也是在不断地发展和完善中。在此之前，"绿色增长"更注重于环保，即制定和执行环保政策以应对工业化社会造成的环境污染。随着经济社会的不断发展，我们越来越认识到，发展是其中心，也是其终极目的，此时，绿色增长更注重的是环境与经济的协调发展，在促进经济发展的同时，也要重视对环境的保护，即绿色增长是一种低消耗、低污染、高效率的经济增长方式，既要促进经济增长，又要提高资源的利用效率，减少资源的消耗，又要提高资源的利用效率，促进经济与环境的协调发展。在《迈向绿色增长》的报告中，它被界定为：通过保证自然资源能够在资源和环境两个层面上为人们所用，从而达到经济增长。世行对"绿色增长"的界定是：以节约和清洁的方式使用资源，同时不减缓经济的发展速度。在绿色增长的核算上，学者们主要采用的是绿色GDP，通过科学的方式，定量地评价了社会生产所消耗的自然资源和所导致的环境污染，再从传统的 GDP 中扣除部分研究将人的发展和社会融合等要素引入"绿色增长"的概念，并在此基础上建立"人的发展"和"社会融合"两个要素。比如，赵奥等从经济效率、规模适度和包容性三个维度提出的"绿色增长"概念，进一步充实了"绿色增长"的理论。因此，随着人们对"绿色增长"的研究越来越多，它的理论与内容也得到了进一步的扩展与完善。

研究数字经济与绿色经济效率的理论依据为网络效应理论，创新理论，内生增长理论和绿色增长理论，以文献的方式对这两种理论的理论依据进行解释，有助于澄清数字经济与绿色经济效率之间的内在逻辑关系和理论机制，为深入开展数字经济与绿色经济效率的实证研究打下扎实的基础。在后期研究中，我们将尝试基于以上四种不同的理论，通过测算和构建相应的数学模型，对两种经济的效率进行实证研究。

数字经济的特征

一、数据是推动数字经济发展的关键生产要素

中共十九届四中全会的《决定》中指出，"健全劳动、资本、土地、知识、技术、管理、数据等生产要素由市场评价贡献、按贡献决定报酬的机制"，这标志着我们国家对于生产要素的理解有了一个重大飞跃与提高。从人类经济和社会发展的历史来看，生产要素的丰富程度和社会财富的增加之间存在着密切的联系，每当人们对生产要素的认识加深，就一定会导致生产方式的改变、生产力的进步、社会财富的增长。作为数字经济中最重要的生产要素，数据可以提高生产过程的准确性和效率，促进生产要素的优化配置，从而提高全要素生产率，为数字经济的发展提供足够的新动能，而且，数据也越来越多地成了经济竞争的核心资产。要充分利用数据这一重要的生产要素，推动数字经济的发展，就要加强数据的保护、存储、使用、交易等方面的工作，加强数据的管理，提升数据的治理效率，保证数据的质量。要实现数据的开放共享、可使用、可访问、可交易、可问责，推动数据的生产要素真正地体现出其价值，并制定数据的收集和使用的行为规则。将数据确定为生产要素，有利于确定其权利，将其视为一种可参与配置的生产要素，将促进其在理论上的创新和应用上的突破，并使企业对其给予更多的关注。

二、数字基建是促进数字经济蓬勃发展的重要支柱

数据基础设施是数字经济发展的基石，是我们在新的发展时期，建立新

发展格局的关键，也是我们实现数字经济的数字化转型和高质量发展的一种策略。2018 年，中央经济工作会议提出，我国现阶段投资需求潜力仍然巨大，要发挥投资关键作用，加大对制造业技术改造和设备更新，加快 5G 商用步伐，加强人工智能、工业互联网、物联网等新型基础设施的建设。与传统的基础设施比较，数字基础设施既具有公共、共享和泛化的共同特点，又具有融合、生态和赋能性的独特特点。

高速、泛在、融合、安全的数字网络是数字经济发展的必然要求。新的数字化基础架构包括三个主要的职能：互联、计算、交换。促进数字基础设施的发展，要从构建完备的信息基础设施开始，包括 5G、物联网、工业互联网、卫星互联网等一系列的通信网络基础设施；新的技术架构，如人工智能，云计算，区块链等；计算能力的基础建设，如数据中心，智能计算中心等。建设融合性基建，以互联网、大数据、人工智能等技术为支撑，实现对现有基建的改造与提升，以实现多种形式的"一体化基建"。

三、数字技术是驱动数字经济增长的主导技术

在数字经济的发展中，数字技术将会是其主导技术。数字技术是新一轮技术革命的核心，它所构成的新一轮技术系统将是数字经济的主要驱动力量。数字技术是一种新兴的技术，它可以分为五大类别，分别是：物联网、云计算、大数据、人工智能、区块链。根据数字化生产的要求，大数据技术是数字资源、云计算技术是数字设备、物联网技术是数字传输、区块链技术是数字信息、人工智能技术是数字智能，这五大数字技术是一个整体，彼此的相互融合是指数级的，推动数字经济的高速度高质量发展。

在工业互联网的发展中，数字化技术是其发展的根本动力，也是其对数字经济发展的重要促进。其本质和核心是通过工业互联网的平台，将设备、生产线、工厂、供应商、产品和客户紧密地连接在一起，形成一个覆盖从软

件到硬件、从数字到实体、从厂内到厂外的复合生态体系。在工业互联网的支持下，可以帮助制造业延伸产业链，形成跨设备、跨系统、跨厂区、跨地区的互联，推动整个制造服务系统的智能化，从而提高生产效率；也有助于推动制造业的融合发展，实现制造业与服务业的跨越发展，进而能够高效地共享工业经济的各种要素资源。其适用范围广泛，涉及大、中、小企业；具有多种应用形式，构成了智能化生产、网络化协同、服务化延伸、个性化定制等丰富的模式与场景。

数字技术能够推动工业互联网的发展，一是把所有的信息技术都集中起来，把一个简单的工厂变成一个全产业链、全价值链、全要素的集成系统；二是要进一步提升产品的制造水平，建立起一套完整的制造体系，实现产品的数字化、智能化；三是提高企业的数字化、智能化水平；四是搭建一个移动智能协同工作的平台；五是通过"AIOT"模式，为所有人提供一系列的智能物联网服务，为所有人提供智能互联的服务。

四、在发展数字经济中，数字工业占主导地位

在数字经济时代，数字产业在产业结构中所占的比重越来越大，它将会是推动生产要素改善、产业结构优化升级、产业附加值提高的主要驱动力，在数字经济时代，数字产业将会是经济时代发展的主要产业。

数字技术革命把数字产业推进到一个增长最快、创新最活跃、引领带动作用最大的行业，使其朝着跨界融合、平台化、生态化的方向发展。一是数字化技术加速了各个领域的交叉与整合，加速了各个领域的数字化渗透、交叉和重组，并对传统的工业领域的价值创造方式进行了变革。二是平台是数字经济中最基本的一种企业，它能高效地集成和配置各类资源，是企业价值的生成和聚合的主要方式。三是价值产生的对象由传统的企业扩大到各种类型的合作对象，企业和其所依托的外部环境的边界越来越模糊，并逐步构建

起一种"以人为本"的经营模式。随着数字技术的有效应用，核心企业致力于建立一个集资源性、融合性、技术性、服务性于一体的商业生态系统，其价值创造强调通过平台整合产业内或产业间的利益相关者的数据、渠道和技术。

想要发展数字产业，就必须要推进数字产业化和产业数字化的双轮驱动的转变，这两个方面要互相配合，互相促进，对传统行业进行赋能，对制造业进行改造，进而使数字产业成为一种新的产业发展模式，并将其作为一种创新驱动力和实现手段。在数字产业化中，要突出 5G、人工智能、工业互联网、高端芯片、高端工业软件等关键技术，着力提升产业链供应链的稳定性和竞争力，加快构建具有自主知识产权的数字产业化系统。在产业数字化方面，要加快实体经济和制造业的数字化转型升级速度，全方位地推动数字技术与实体经济的深度结合，加快传统企业的数字化、智能化改造和升级，扩大数字产业的规模，拉长数字产业链，促进数字产业的多样化聚集，提升数字产业的发展水平，使数字经济的发展能够更好地发挥出数字经济对于传统经济的放大、叠加、倍增效应，加快构建具有强大智慧制造能力的产业数字化系统。

五、在数字经济条件下，数字产品是主要商品

在数字经济环境下，由于数字产品的开发与供应在数量与品质上都有所提高，所以，数字产品的增值能力与核心能力都有所提高，其已渗入了社会的各个领域，其影响力越来越广，在今后的数字经济中必将占有绝对优势。

要发展数字经济，离不开数字产业的支撑，而要发展数字产业，就一定要以开发出符合市场需要的数字产品为基础，以数字产品为中心的数字生产系统，这样才能真正构成一个数字产业，从而完成产业的转型升级。数字经济引起了广泛而深远的变革，无论是数字产业化，还是产业数字化，其最终

目的都在于坚持"以用户为中心"的原则，为个人、家庭、政企等用户提供优质、适用的数字产品与服务，创造更佳的用户体验，不断提高用户的幸福感、获得感和安全感。要发展好"数字经济"，必须正确把握"数字经济"与"实体经济"的关系。首先，在现实生活中，数字经济是不可缺少的。另外，数字经济是一种对实体经济的提升，所以，无论是数字经济的实体化发展还是实体经济的数字化发展，都具有十分重要的意义，这就需要我们在以下两个层次上展开工作：首先，要构建一个数字产业化的生产体系，通过对数字技术的市场化应用，把数字化的知识和信息转化为生产要素，进而构建出一个数字产业链和数字产业集群，实现数字技术的产品化，现在有很多数字技术都变成了产品；其次，要构建一个工业数字化的生产系统，通过数字技术，从各个角度、各个环节对工业进行全面的转型，并通过数字技术的赋能，实现工业的数字化。

六、数字经济促进了整个产业链的数字化融合，从而促进了供需双方的全面对接，深度融合，平衡发展

将供给侧数字化与需求侧数字化相结合，使整个产业链各个环节相结合，使数字经济更完善，才能调整经济结构，优化要素配置，推动供求平衡，实现高质量发展。

在供给侧数字化和需求侧数字化这两种方式下，数字经济可以优化资源的配置，迅速纠正要素配置的扭曲，同时还可以增加有效的供给和有效的需求，增强供给结构对需求的适应能力和弹性，提升全要素生产率，更好地满足市场的需求，完全打通产业链，使最低的生产要素与最终产品的需求相连接，促进经济的持续、健康发展。

要想实现数字经济的发展，必须从供给、需求、融合三个方面着手，促进供需双方逐步融合。在供应层次上，要大力发展数字产业与智能制造，大

力推进数字产业化与产业数字化，大力发展以大规模个性化定制、产品全生命周期管理等为代表的服务型制造。在需求方面，通过对"数字+"的研究，实现以需求驱动、以需求促进、以需求对创新进行监督，进而提升国家数字技术的创新能力。在融合层次上，以"数字技术+"推动模式创新、生态创新，让供需双方能够更好地进行有效沟通，从而让数字经济的产业链得到更好的发展和深度融合。加速各个产业向智慧化的转变，创造双赢的局面，建立一个开放的、有活力的数字经济生态圈。

随着电子商务的迅速发展，在需求侧的数字化进程中，其发展速度、广度和深度都远远超过了供给侧。然而，目前所实现的需求侧数字化只是把整个工业链中的最后一个环节连接起来，也就是终端商品和顾客之间的供求关系。当前，在数字经济发展中，仍出现了部分产能过剩而需求不足、部分产能短缺而需求过量等现象，其根源在于我们过分强调了最终产品与市场的联系，而忽略了产品与要素的联系。因此，提供侧数字化将成为数字经济发展的关键，这对数字经济覆盖产业链的全部供求，促进供给与需求的结合，实现供求的均衡，有着十分重大的作用。而要达到供应端的数字化，就必须把供需环中的每个微小环节都连接起来，使其成为全行业的一部分。

七、在数字经济背景下，数字素质与数字能力应成为员工与消费者的核心素质与基础能力

数字经济正以前所未有的速度推进着社会生产与生活模式的变革，并对人类社会的生存空间进行了全方位的重构。随着数字技术的持续发展以及实体经济的数字化转型，这两个方面都要求有数字技术、对数据能进行科学分析和处理能力的数字化人才，因此要对公众加强数字素养的培养。在数字经济时代，数字素养是公民成长的核心素质，数字能力是公民最基本的生存能力，数字技术技能是公民最主要的就业技能。提高数字素养、数字能力、数

字技术技能，既有利于数字消费，又有利于数字生产，是数字经济发展的重要因素和社会基础。

数字素质是指在数字环境中，通过运用一定的数字技术的手段和方法，可以快速有效地发现信息并获取信息，评价和整合信息，交流信息的综合科学技能与文化素养。数字素质是指对数字资源的接受和给予能力，包括数字获取、数字交流、数字创造、数字消费、数字安全、数字伦理、数字规范、数字健康等八个层面。

数字能力是指人们在工作、休闲和交流中，自信和批判地运用信息技术的能力。在能力因素方面，强调在基本的技术技能之外，要加强技术知识、技术设计和技术思考等更高层次的技术技能。在社会层面，通过对年轻人进行数字技能的培养，使其在 21 世纪这个知识社会中成为更有效率的工人和公民，因此其被欧盟定为八大关键技能之一。在技术方面，随着智能手机和社交网络的广泛应用，数字的工具和媒介的作用也变得更加突出。在数字化的社会中，人们对于工作、学习和生活都有了更高的参与和分享的要求，因此他们需要具备以下几种新的能力：游戏素养、执行力、多任务处理能力、分布式认知能力、团体智力、信息识别能力、网络协商能力等。

八、数字技术的普惠性赋能赋权为人们提供了同等参与数字经济和发展事业的机会

普惠性是数字经济的特征。数字技术革命与前几次技术革命相比，其特点是：数字技术能够得到广泛的赋能，应用和渗透的门槛较低，而且正在走向规模化；数字信息不具有竞争优势，生产企业的边际生产成本趋于零；这些特点扩大了数字经济的联结范围与深度，并使其具有普遍性。因为数字经济具有普惠性，所以它天生就具备了全球化、技术平权以及为普通人赋能等特点，特别是对边缘群体具有很强的赋能效果，所以，它可以成为产业、城

市甚至是国家转型的重要机会。

数字经济的赋权效应，不但可以让普通民众的生活发生翻天覆地的变化，使在传统经济模式中失语的群体也能获得强有力的技术支撑，并成为世界经济新的增长引擎，成为地区可持续发展的一支重要力量。联合国数字协作高级别工作组于 2019 年 6 月 10 日发表了一份关于未来数字经济发展的纲领报告，指出了数字经济天然具备的普惠特性。该报告建议，要致力于实现全民数字经济，到 2030 年，让每一位用户都能利用数字互联网技术带来的便利，并能享受到数字化的金融与医疗服务；就可持续发展而言，多个利益相关者组成了一个广泛的联盟，共同建立了一个有联合国参加的平台，分享数字公共成果，吸引人才，并在尊重个人隐私权的基础上汇集数据；制定专门的政策，使妇女和被传统的边缘人群有充分的、普遍性的、平等的数字机会；继续制定一整套关于普惠性的指标，用于衡量全球范围内的数字化进展。

数字经济的影响

中国近年来发展的数字经济取得了快速增长，并在 2016 年 G20 峰会上将其纳入了创新的经济发展战略。本课题将从中国的实际情况出发，探讨其对中国经济发展的作用机理，改进当前的发展状况，努力改进中国的数字经济专门人才的培训方式，从而促进传统行业的转型升级，从而为中国的发展奠定更加坚实的理论基础。

一、中国数字经济发展现状

（一）数字经济占 GDP 比重上升

党的二十大报告明确指出，要加快发展数字经济，促进数字经济和实体经济深度融合，打造具有国际竞争力的数字产业集群。发展数字经济已成为推进中国式现代化的重要驱动力量。近年来，我国数字经济发展持续取得新突破，展现出强大的韧性，持续向做强、做优、做大的发展目标迈进。

根据中国信息通信研究院在第六届数字中国建设峰会上发布的报告，2022 年，我国数字经济规模达到 50.2 万亿元，同比名义增长 10.3%，已连续 11 年显著高于同期 GDP 名义增速，数字经济占 GDP 比重达到 41.5%。

（二）数字经济在各产业增加值占比差异较大

随着中国信息化程度的不断提高，在大数据、云计算、物联网等新兴行业的助力下，中国的数字经济在不断发展。与欧美等国家相比，中国的大数据产业仍有广阔的发展前景。从我国的各产业数字经济占比来看，第三产业高于第二产业，而第二产业高于第一产业。从数字经济内部结构来看，产业数字化占数字经济比重在 82% 左右波动。报告显示，2022 年，我国数字产业化规模达到 9.2 万亿元，同比名义增长 10.3%，占 GDP 比重为 7.6%，占数字经济比重为 18.3%，数字产业化向强基础、重创新、筑优势方向转变。

二、数字经济对中国经济的影响

（一）带动中国经济社会创新发展

高新网络技术的迅速发展，推动了包括宽带网络在内的各种信息基础设施的广泛应用。大数据、物联网和云计算信息基础设施有力地推动了中国的经济和社会的发展，将互联网的应用范围扩大到了更多的领域，也将催生更多的关联行业。企业通过云计算技术，降低了企业经营成本，从而为企业开拓了更大的发展空间。企业利用大数据技术，可以加速资产分析和数据处理效率，可以帮助高层及时了解企业发展现状，提升企业高层的洞察力和决策力，进而对业务流程进行优化。企业通过与物联网技术相结合，搭建信息化、智能化的网络管理平台，为企业的正常运营提供了有效的保障。此外，人工智能、区块链等技术的广泛应用，将为具有国际竞争力的中国龙头企业带来更多的优势，借助先进的网络通信技术和智能终端，促进中国的经济和社会发展。

（二）加快中国电子商务发展速度

中国阿里巴巴自 20 世纪 90 年代末创立以来，给中国的电商行业带来了全新的发展趋势。中国是当今世界上最大的电子商务市场，是影响世界数字经济发展的重要因素。数字经济已经成为中国商业发展的一股强大动力，对中国的经济和社会发展产生了巨大的影响。

（三）改变传统中国经济增长方式

数字经济的发展促进了行业发展，促进了数字经济与传统经济的融合。网约车、外卖、在线教育等新业态的迅速出现，推动了我国各行各业的迅速转型升级。线上线下的深度融合，促进了我国民生、就业和经济发展。与此同时，新兴的网络化、平台化的商业模式，在现代市场经济的发展进程中更具竞争优势，通过线上线下的结合，可以精准对焦用户的实际需求，为用户定制个性化的产品，刺激他们的新的消费需求，从而促进了社会经济的迅速发展，也使中国的经济发展方式发生了变化。

（四）激发中国大众创业创新热潮

作为一种新的经济形式，数字经济对传统经济的转型升级具有重要的推动作用，也为全球新一轮的产业竞争获得了更多的有利因素。随着数字经济的发展，人们的创业和创新积极性逐渐高涨，在国家有关政策的支持下，"互联网+"已成为当前大众创业和创新的显著特点。互联网技术的发展为人们提供了一个开放、公平的创业空间，进而削弱了资金、技术等各类因素对个体创业的制约，释放了个体的创业潜能，开启了人人皆能创业的热潮。

三、基于数字经济背景下的中国经济发展策略

（一）提升数字经济技术发展水平

数字经济给我们的生活提供了很多方便，但也存在着一定的风险，其中就有网络信息的安全问题。过去，人们对网络信息安全的关注主要集中在防御上，而随着大数据技术的发展促使大量的数据被关联起来。例如，部分企业的系统都是环环相扣的，一旦某个环节遭到攻击则会导致整个系统出现瘫痪的情况。要想对网络信息安全进行有效的保护，就必须构建起一个信息安全机制，加强国家以及个人的合作共赢，从战略层面上有效解决信息安全问

题。此外，国家应该加强建设信息通信的技术装置，提高网络的数据传输能力和速度。我国政府应该鼓励传统产业迅速向数字化产业方向转变，同时也应该鼓励传统企业运用新兴技术来提高企业的工作效率，深化数字技术与传统企业经营的深度融合。在产业中推广 5G，加快互联网的运行，在农村信息落后的地方，制订符合现实条件的互联网规划，提高互联网的利用效率，保证数字技术和数字经济的迅速发展。此外，要了解当前数字经济发展的优势和不足，通过数字技术来保证数字经济的持续发展，并且将其应用到落后的地方，从而缩小我国与发达国家之间的差距。

（二）加大数字经济科研创新投入

数字经济产业是一个与时俱进的产业，必须重视提高企业的研发和创新能力，以应对当今世界日益加剧的竞争形势，把握新的发展机会，从而提高中国的数字经济在当今世界的竞争力。首先，我国教育部门应该鼓励各高校和研究院进行前端科学技术水平的创新，简化项目审批流程，对数字技术创新布局进行优化，增加对科研成果的经费投入，确保前沿科技创新技术可以在社会经济发展中得到实现。第二，加强公司的产品创新，提高公司的品牌认知度。在数字经济发展的大环境下，龙头公司应注重产品运营的创新，充分发挥其在产业中的引领作用，改变产业发展思路，参考国外先进的数字经济发展模型，并根据中国的实际情况，设计出适合自己的产品，从而加速公司的数字化转型，提高公司的产品和服务的增值能力。第三，与政府扶持政策和资金援助制度相结合，对技术创新发展进行改进。目前，我国的公司面临着三个方面的机遇：政策红利、产业转型以及经济转型。许多地方的政府和公司都将目光投向了数字经济的发展这一关键的机遇，加快了政策的制定和产业的布局，用数字化的发展来构建数字经济的新优势。2021 年 3 月，张家港以"世界数字经济"为契机，举办了"世界数字经济创新创业大赛"，聚集了众多优秀人才、优质项目、优质产业等。此外，张家港市还为创业 5 年以上的领军型人才，按其当地贡献率 50% 的比例，购置相应的设备和仪器。

（三）加快传统产业数字转型升级

我国具备超大规模的市场优势，这也为数字经济的发展提供了更加广泛的数字产业技术的应用场景。在我国未来的经济中，数字经济占主导地位，因此传统产业必须要强化与数字技术的深度融合，提高产业的生产、流通和销售效率，并将传统产业的数字化程度提高。目前，有利于数字化的因素在逐渐累积，数字技术与各行业的联系日益紧密，促进了各行业的数字化认可程度也在不断提高，国家还为传统行业的数字转型升级提供了相应的政策支持，从办公数字化、生产数字化，到新的科技基础设施的建立，人民群众对"数字中国"的期望越来越高，并且期待更好的产品、服务和社会保障。中央及地方财政要充分发挥自己的职能作用，持续对支持制造业发展的财税政策进行优化，对财政资金的投入方式进行创新，协助企业在科技投入与企业盈利之间找到一个平衡点，这是企业数字转型的一个关键步骤。对于传统企业来说，短期收益非常重要，投入产出比与企业的正常运转有关系。中小企业不可能承受得起如此高金额的科技研发投入，所以，就需要政府制定一个长远的战略性计划，在资金上给予一定的支持，并在发展战略和企业管理方面提出几点意见，让传统行业能够更快地进行数字转型升级。

数字经济与人们的生活密切相关，它正在改变着当今的人类社会，提高着企业的生产效率。中国应该重视发展数字经济，加速发展信息技术，促进传统产业和数字经济的深度融合，从而产生更多的新产业和新业态，提高其产品的附加价值，促进数字经济向更广泛的方向发展，促进中国的社会和经济快速发展。

第2章　数字经济发展的战略决策

基础建设战略决策

中国推动数字经济发展，首先要解决的问题是如何从国家和政府层面采取积极的战略行动保障数字经济加快发展。

一、加快企业和市场的数字化基础建设

由于信息化是数字经济发展的根本，大数据是数字经济发展的新平台、新手段和新途径，因此，在数字经济时代，深入推进国家信息化战略和国家大数据战略，是加速企业和市场数字化基础建设的先决条件，也是从国家和政府两个层面，解决数字经济发展"最初一公里"的问题。

（一）深入推进国家信息化战略

在信息技术飞速发展的今天，以数字化、网络化和智能化为特征的信息化浪潮正在兴起。当今世界，信息化正进入一个全面渗透、跨界融合、加速创新、引领发展的新时期。

1. 信息化与数字经济的关系

"数字经济"这一概念可以追溯到 20 世纪 90 年代。美国经济学家唐·塔普斯科特（Don Tapscott）于 20 世纪 90 年代中期发表的《数字经济》开启了数字经济的大门。随后，曼纽尔·卡斯特（Manuel Caster）的《信息时

代部曲：经济、社会与文化》、尼古拉·尼葛洛庞帝（Nicholas Negroponte）的《数字化生存》（*Digital Society*）等一系列著作陆续发表，"数字经济"概念的提法在全世界流行开来。从那时起，很多西方国家开始关注并推动数字经济的发展，特别是美国以发展数字经济为口号大力推动信息产业发展，并缔造了 20 世纪末美国的新经济神话。

随着云计算和物联网等信息技术的兴起，数字经济也迎来了一个新的发展阶段。与此同时，大数据、人工智能、虚拟现实、区块链等新兴技术的出现，给人类带来了无限的可能，全球都把这些新兴信息技术列为今后发展的重要方向。如今，数字经济引领创新发展，为经济增长注入新动力已经成为普遍共识。

随着现代信息技术的不断普及，数字经济也在不断涌现，它已经变成一种能够促进传统经济转型升级的重要方式和动力。从数字经济的内涵和定义出发，对其进行分析，可以看出，信息化为数字经济的发展提供了必不可少的生产要素、平台载体和技术手段等重要条件，数字经济的发展必须以信息化为基础。信息化解决信息的到达（网络）和计算能力的廉价（云计算）及到达和计算能力的可靠性、安全性保障。具体表现为信息化对企业具有极大的战略意义和价值，能使企业在竞争中胜出。同时，企业信息化的积极性最高，因此在信息化中企业占据主导地位。如近年来出现的云计算、人工智能和虚拟现实等信息化建设，都是以企业为主要对象。信息化是个人成长、需求发布和交流的重要渠道，也是社会公平、教育普惠的基础，信息化让个人有了更大的发展空间。信息化是提高政务效能、构建和谐社会的重要途径。政府既是信息资源的用户，又因其自身的复杂性，必须强化对信息资源的导向与监督。

2. 加快推进国家信息化战略

2017 年，十二届全国人大五次会议首次将"数字经济"写入政府工作报告，并强调促进数字经济加快成长，让企业广泛受益、群众普遍受惠。人均信息消费是衡量数字经济发展程度的重要指标。信息化是当今世界发展的大趋势，是推动经济社会变革的重要力量。大力推进信息化，是覆盖我国现代化建设全局的战略举措，是贯彻落实科学发展观、全面建设小康社会、构建社会主义和谐社会和建设创新型国家的迫切需要和必然选择。所以，未来一段时间，我们要加速发展数字经济，培养新的经济增长点，加速推进国家的信息化战略。根据《国家信息化发展战略纲要要求》，树立以"五位一体"的整体布局，以"四个全面"的战略布局，以创新、协调、绿色、开放、共享为核心的发展思想。

坚持"以人为本"的发展理念，坚持以信息化推动现代化，把"网络强国"作为奋斗的目标，努力提升我国信息化的发展能力，着力提升我国信息化的应用水平，着力优化我国信息化的发展环境，使信息化造福社会，造福人民，为实现中国梦打下坚实的基础。根据《国家信息化发展战略纲要》要求，制定好国家信息化战略的时间表和路线图，见表2-1：

表2-1 加快推进国家信息化战略的时间表

三步走	具体目标及指标
到 2020 年	固定宽带家庭普及率达到中等发达国家水平，第三代移动通信（3G）、第四代移动通信（4G）网络覆盖城乡，第五代移动通信（5G）技术研发和标准取得突破性进展。信息消费总额达到 6 万亿元，电子商务交易规模达到 38 万亿元。互联网国际出口带宽达到 20 太比特/秒（Tbps）
到 2025 年	固定宽带家庭普及率接近国际先进水平，建成国际领先的移动通信网络，实现宽带网络无缝覆盖。信息消费总额达到 12 万亿元，电子商务交易规模达到 67 万亿元。互联网国际出口带宽达到 48 太比特/秒（Tbps）
到 2050 年	信息化全面支撑富强民主文明和谐的社会主义现代化国家建设，网络强国地位日益巩固，在引领全球信息化发展方面有更大作为

3. 先行先试：加快国家信息经济示范区建设

2016 年 11 月，中央网信办和国家发改委联合批复同意浙江省设立国家信息经济示范区。浙江省全国信息经济示范区将进一步强化供给侧结构性改革，贯彻落实 G20 杭州峰会关于"数字经济发展与合作倡议"的成果，着力探索适合信息经济创新发展的新体制、新机制和新模式，以信息化培育新动能，用新动能推动新发展，努力创建具有鲜明特色的示范城市；依托全球互联网大会的永久举办地，建设乌镇网络创新发展实验区，为浙江在"互联网+"、大数据产业、新型智慧城市、跨境电商、共享经济、基础设施智能化转型、信息化和工业化深度融合、培育新型企业家等领域做出可复制可推广的示范。浙江将从三个层面进行示范：一是打造经济发展新引擎，在制造业与互联网的深度融合、社会发展的深度应用、政府服务与管理的深度应用上开展示范；二是培育创新驱动发展新动能，突破信息经济核心关键技术，推进科技成果转化与应用，大力实施开放式创新；三是推动制度与机制的创新，着力于推动信息基础设施的共建共享，构建区域互联网的开放使用与控制体系，推动公共数据资源的开放共享，推动"互联网+"新业态的发展，推动政府的管理和服务，不断释放出信息化的"红利"。

（二）加快推进国家大数据战略

随着云计算、大数据、移动互联网、物联网、人工智能等技术的兴起，人类社会迎来了新一轮的"数据革命"，迈入了"数字经济 2.0"。在这段时间里，快速发展的大数据扮演着更加重要的角色。

随着信息技术与经济社会的不断交叉融合，数据快速发展，已成为国家基础性战略资源，大数据正日益对全球生产、流通、分配、消费活动以及经济运行机制、社会生活方式和国家治理能力产生了重要影响。虽然在大数据的发展与应用上我们已经有了一定的基础，具有巨大的市场优势与发展潜力，但是我们还面临着许多问题，如政府数据的开放共享不足、产业基础薄弱、缺少顶层设计与统筹规划、法律法规建设滞后、创新应用领域不广泛等。

1. 大数据发展形势及重要意义

目前，我国互联网、移动互联网用户数量位居世界首位，具有丰富的数据资源与应用市场优势。在大数据领域的研究与开发方面，已经有了重大的突破，并出现了一批互联网创新企业与创新应用，有些地方政府已经开始了与大数据有关的工作。实现"以创新驱动发展"，加速"大数据"的布局，促进"大数据"的运用，已经成为"稳增长、促改革、调结构、惠民生、推进国家治理体系和治理能力现代化"的内在要求和必然选择。

（1）大数据成为推动经济转型发展的新动力

以数据流引导技术流、物质流、资金流、人才流，将对社会的分工与合作组织模式产生深远的影响，推动了生产组织方式的集约与创新。大数据驱动着社会生产要素的网络化共享、集约化整合、协同开发与高效使用，使传统的生产模式与经济模式发生了深刻的变化。大数据不断地刺激着商业模式的创新，并不断地产生新的业态，它已经成为在互联网等新兴领域中推动业务创新增值、提升企业核心价值的一个重要推动力。大数据是新的经济增长点，对我国的信息产业发展具有重大意义。

（2）大数据成为重塑国家竞争优势的新机遇

随着世界范围内信息化的迅猛发展，大数据已经成为引领新一轮科技创新的重要基础战略资源。将我们拥有的数据规模优势充分发挥出来，实现数据规模、质量和应用水平的同时提高，对数据资源的潜力进行挖掘，这对更好地发挥数据资源的战略性功能、加强对网络空间数据主权的保障、维护国家的安全、有效地提高国家的竞争力都是有益的。

（3）大数据成为提升政府治理能力的新途径

大数据应用能够揭示传统技术方式难以展现的关联关系，推动政府数据开放共享，促进社会事业数据融合和资源整合，将极大地提升政府整体数据分析能力，为有效处理复杂社会问题提供新的手段。通过构建"用数据说话、数据决策、数据管理、数据创新"的管理体系，实现以数据为基础的科学决策，促进政府管理观念和社会管理方式的变革，加速构建符合中国特色的法治、创新、廉洁、服务的政府，推进政府管理体系的现代化。

2. 大数据与信息化、数字经济的关系

随着信息化和经济社会的不断深入，大量的数据不断涌现，大数据应运而生。与此同时，大数据的迅速发展也引发了新一轮的信息化浪潮，给信息产业与数字经济的发展带来了新的机会与挑战。

（1）大数据和信息技术

相对于传统的数据，大数据具有更大的容量、更多的类型、更快的访问速度、更高的应用价值，是一个大的数据集合。这些数据集合，这种海量数据的采集、存储、分析和运用，必须以信息化为基础，充分运用现代信息通信技术才能完成。

一是大数据促进了信息化新发展。大数据作为一种新的产业，不仅具有第一产业的资源性，还具有第二产业的加工性和第三产业的服务性，所以，大数据是一个新兴的战略性产业，具有很大的开发利用潜力。从本质上来说，我们在挖掘和使用大数据的同时，也在推动信息化进程。由于大数据加快了信息化与传统产业、行业的融合发展，引发了新的信息化浪潮和信息技术革命，促进了传统行业转型升级。因此，从这一层面上说，大数据促进了信息化与传统产业的融合，同时也促进了"互联网+"的进一步深化。"互联网+"是一种以不断膨胀和不断增加的信息资源为基础，将网络技术与传统产业进行深度融合，从而带动各个产业整体发展的新的经济模式。"互联网+"的核心不是"互联网"而是"+"，其中最重要的就是融合。通过将传统产业与互联网进行有效的联系，打破信息的不对称，将它们的优势相结

合，形成新的业态和创新点，最终实现真正的融合发展。

大数据是"互联网+"发展的关键，大数据服务、大数据营销、大数据金融等将会对"互联网+"的发展起到积极的推动作用，从而推动互联网与各行业的深度融合。"互联网+"的发展方式，将会是一种分散的发展方式，将所有有能力的企业都整合起来，形成一个完整的产业链。

二是大数据既是信息的表现形式，也是信息的实现途径和媒介。在数字经济时代，信息技术也成了经济发展的一个重要因素，只不过信息更多地以数据的形式表现出来，而且数据的容量越来越大，类型越来越复杂，变化的速度越来越快。所以，需要对数据进行采集、存储、处理、分析，形成一个数据集，也就是所谓的"大数据"。所以，大数据不仅是信息技术的一种新的表达方式，而且也是信息技术的一种新的手段和媒介。

（2）大数据与数字经济。

大数据和数字经济都是建立在信息化的基础上，而且都与网络紧密相连，因此，我们需要用网络（更准确地讲是"互联网+"）作为联系纽带来对它们进行深入的研究。由腾讯董事长、CEO 马化腾领衔撰写的一本名为《数字经济：中国创新增长新动能》的书中，提出了以互联网为代表的新型科技，"互联网+"强调的是连接，是互联网对其他行业提升激活、创新赋能的价值激发；而数字经济，就是在互联互通的情况下，展现出来的成果和利益，即"互联网+"是手段，数字经济是结果。数字经济概念与"互联网+"战略的主题思想一脉相承。数字经济发展的过程也是"互联网+"行动落地的过程，是新旧经济发展动能转换的过程，也是传统行业企业将云计算、大数据、人工智能等新技术应用到产品和服务上，融合创新、包容发展的过程。从这一角度来看，大数据是将传统产业和网络相结合的一条有效途径；大数据将推动"互联网+"战略的实施，推动新旧经济模式的转化，为推动新一轮的发展提供新的思路和方法。大数据加速了互联网与传统产业的深度融合，加速了传统产业的数字化、智能化进程，为做大做强数字经济提供了必要条件和手段。在数字经济的背景下，数据成为经济发展的关键因素。

3. 加快推进国家大数据战略

国务院发布了《促进大数据发展行动纲要》（以下简称《纲要》）。《纲要》提出要在5~10年内，打造精准治理、多元协同的新型社会治理模式；建立安全高效的新型经济运行体制；建设以人为本、惠及全民的新型民生服务体制；建设大众创业、万众创新的新型创新驱动格局；培育高端智能、新兴繁荣的新型产业发展生态。《纲要》指出，要突出的任务是加速政务信息的开放共享，推进政务信息系统的集成，提高政务信息系统的管理水平；促进工业的创新，培育新的商业模式，促进经济的转型；三项工作的目标是加强安全、提升管理、推动健康发展。

《纲要》针对以上问题，提出加快建设政府数据资源共享开放工程、国家大数据资源统筹发展工程、政府治理大数据工程、公共服务大数据工程、工业和新兴产业大数据工程、现代农业大数据工程、万众创新大数据工程、大数据关键技术及产品研发与产业化工程、大数据产业支撑能力提升工程及网络和大数据安全保障工程等十大系统工程。在此基础上，从法规体系、市场机制、标准规范、财政金融、人才培养以及国际合作等多个层面，为以大数据为驱动的数字经济的发展提供有力的政策支持。

4. 加快国家大数据综合实验区建设

为贯彻落实国务院《促进大数据发展行动纲要》，贵州启动全国首个大数据综合试验区建设工作。日前，国家发改委、工信部和中央网信办正式批准贵州作为我国第一个国家大数据综合试验区，并在此基础上对其进行了初步论证。国家发改委、工信部、网信办联合下发文件，批准京、津、冀等7个地区开展国家大数据综合试验区的建设，成为贵州后的第2批国家大数据综合试验区。全国大数据综合试验区由 2 个跨地区试验区（京津冀和珠江三角洲）、4 个区域性示范区（上海、河南、重庆、沈阳）和 1 个大数据基础设施统筹发展类综合试验区（内蒙古）组成。在这一过程中，跨区域类综合试验区的定位是：围绕实施国家区域发展战略，对数据要素的流动进行更多的关注，并以数据流来引导技术流、物质流、资金流、人才流。

支持区域间的公共服务、社会管理和产业转移，推动区域间的整合；以"引领东、中、西、东北四大板块"为核心的区域性综合试验区，进一步强化大数据资源的整合，强化大数据产业的聚集，发挥大数据的辐射和带动效应，推动各地区的协调发展，提高经济的质量和效益。基础设施统筹发展类综合试验区的定位是，在充分利用区域能源、气候、地质等条件的前提下，加强对资源的整合，加强与东部、中部的产业、人才以及应用优势地区的合作，从而达到跨越发展的目的。第二批国家级大数据综合试验区是为贯彻《促进大数据发展行动纲要》，在大数据制度创新、大数据开放共享、大数据创新应用、大数据产业集聚、大数据要素流动、大数据中心集成与利用、大数据国际交流与合作等多个领域开展试点与探索，以推进大数据的创新与发展。

二、进一步优化数字经济发展的市场环境

国家信息化战略和大数据战略的深入实施，大大提高了企业和市场的数字化基础建设的水平，分别为数字经济发展提供了重要基础和新平台。另外，数字经济的发展还需要具备良好的市场环境。

（一）加强企业数字化建设

在国内，企业的数字化建设还停留在基础设施的建设阶段，在深度应用和创新方面还需要进一步的提升。在占我国工商企业总数 99% 的中小企业中，尽管有高达 80% 的中小企业具备了接入互联网的能力，但是将其用于业

务应用的却只有44.2%，还有很多的企业只是创建了一个门户网站，很少有企业能够真正实现数字化服务、生产和管理的全面协调发展。

所以，如何在新经济的"蓝海"中立足，加快企业的数字化进程，是当前亟待解决的问题。鼓励企业在数字化建设方面做更多的投资，并积极推动数字经济的立法工作，持续对市场环境进行优化，并对市场竞争进行规范，这是加速我国企业和市场进行数字化创新的必要措施。

（二）优化互联网市场环境

当前，我国的市场数字化正处于一个高速发展的阶段，但是，市场环境还很不成熟。根据互联网实验室发布的《中国互联网行业垄断状况调查及对策研究报告》来看，我们的网络产业已从自由竞争步入寡头竞争时代。然而，在互联网市场监管法规不健全的背景下，占主导地位的寡头企业极易借助技术壁垒、用户数量等优势形成垄断，进而影响到消费者的利益，阻碍互联网产业的技术创新，由此导致网络不正当竞争行为层出不穷。因为网络环境的虚拟性和开放性，使得网络恶性竞争行为变得更加隐蔽、成本更低、危害更大。这种行为不仅会损害个体企业的利益，还会影响到公平、诚信的竞争秩序，对数字化市场的发展环境造成了严重的威胁。

总之，中国的数字经济正以一种全新的姿态，在推动着我国的经济从低水平的快速追赶走向高水平的稳健超越，从低层次的供给结构向高层次的供给优化，从高强度的生产要素输入转向高质量的生产过程，从高度集中的生产过程到可持续的创新驱动，从模仿式跟跑、并跑，走向自主型并跑、领跑的全面转型，它将为我国的经济发展模式的根本转变提供强劲的动力。

融合发展战略决策

数字经济正在引领传统产业转型升级，改变全球产业结构以及企业的生产方式。那么，数字经济时代，如何调整产业结构，提高信息化程度，紧紧跟随数字经济发展潮流和趋势，是政府必须面对的新时代课题。

一、大数据驱动产业创新发展

新形势下发展数字经济需要推动大数据与云计算、物联网、移动互联网等新一代信息技术融合发展，探索大数据与传统产业协同发展的新业态、新模式，促进传统产业转型升级和新兴产业发展，培育新的经济增长点。

（一）大数据驱动工业转型升级

促进大数据在工业研发设计、生产制造、经营管理、市场营销、售后服务等产品全生命周期、产业链全流程各环节中的应用，分析感知用户的需求，从而提高产品的附加价值，打造智能工厂。在此基础上，建立面向多个行业、多个环节的工业大数据融合与分析应用平台。利用互联网的跨界融合机会，推进大数据、物联网、云计算以及三维（3D）打印技术、个性化定制等技术在制造业全产业链中的整合应用，促进制造方式的变革和工业的转型升级。

（二）大数据促进了新行业的发展

积极培育互联网金融、数据服务、数据探矿、数据化学、数据材料、数据制药等新业态，提高对相关产业中大数据资源的收集、获得和分析利用的能力，充分挖掘数据资源支持创新的潜能，推动技术研发体系创新、管理方式变革、商业模式创新以及产业价值链体系重组，推动跨领域、跨行业的数据融合与协同创新，推动战略性新兴产业的发展、服务业的创新发展以及信息消费的拓展，探讨形成协同发展的新业态、新模式，培育新的经济增长点。

（三）以大数据为驱动力的农林发展

建立一个以农业农村为目标的综合信息服务体系，为农民的生产和生活提供综合、高效、便捷的信息服务，从而缩短城乡的数字差距，推动城乡发展的一体化。对农业和农村的经济数据进行强化，对村和县的相关数据采集、传输和共享的基础设施进行完善，构建出农业和农村的数据采集、运算、应用和服务体系，从而对农村的生态环境进行有效的管理，提高农村的社会管理能力。整合国内外农业数据，加强对农业生产要素数据的收集和应用，提高农业生产要素的预报和预警能力。对国家涉农大数据中心进行整合和建设，推动各地区、各行业、各领域涉农数据资源的共享和开放，强化对数据资源的挖掘和利用。加速发展农业大数据的关键技术，并加强其应用示范，提高其生产智能化、管理网络化、管理高效、服务便捷的能力和水平。

（四）加强基础理论与关键技术的研究

围绕数据科学理论体系、大数据计算系统与分析理论、大数据驱动的颠覆应用模式探索等重大基础研究，开展数据科学的研究，并指导和鼓励对大数据理论、方法和关键应用技术的探索。采用政产学研用合作的方式，以及以开源社区为基础的开放式创新方式，对海量数据存储、数据清洗、数据分析挖掘、数据可视化、信息安全与隐私保护等方面的关键技术进行深入研究，最终构建出一套安全、可靠的大数据技术体系。本技术将为自然语言理解、机器学习、深度学习等人工智能领域的技术革新提供有力的支撑，提高数据的分析处理能力、知识发现能力，以及辅助决策的能力。

（五）构建大数据产业及相关产业

围绕数据采集、整理、分析、发掘、展现、应用等环节，对大型通用海量数据存储与管理软件、大数据分析发掘软件、数据可视化软件等软件产品和海量数据存储设备、大数据一体机等硬件产品进行发展，带动芯片、操作系统等信息技术核心基础产品的发展，构建出一个比较健全的大数据产品体系。我们将努力开发出能够充分融入关键行业的商业过程和数据应用中去的大数据解决方案。

支持企业开展基于大数据的第三方数据分析发掘服务、技术外包服务和知识流程外包服务。鼓励企业以数据资源基础和业务特点为依据，积极发展互联网金融和移动金融等新业态。促进大数据与移动互联网、物联网、云计算等领域的深度融合，促进大数据在各个行业中的创新应用，并积极探讨具有协同共赢意义的新的应用模式和商业模式。强化大数据应用创新能力，构建政产学研用、大中小企业协同发展的大数据产业体系。构建并健全大数据产业的公共服务支持体系，构建大数据开源社区和产业联盟，推动大数据的协同创新，加快大数据产业的计量、标准化、检验检测和认证认可等方面的质量技术基础，加快大数据的应用推广。

二、"互联网+"推动产业融合发展

李克强同志在十二届全国人大三次会议政府工作报告中首次提出"互联网+"行动计划。国务院发布《关于积极推进"互联网+"行动的指导意见》，明确了"互联网+"的各重点行动领域：创业创新、协同制造、现代农业、智慧能源、普惠金融、益民服务、高效物流、电子商务、便捷交通、绿色生态、人工智能。

（一）推进企业互联网化

在数字经济的带动下，传统工业的发展速度开始加快。以制造业为例，以长三角和珠三角为代表的中国制造业中心地区，新装备和新技术的推广和使用速度显著提高。

1. "互联网+"树立企业管理新理念

公司互联网思维包括三个因素：极致用户体验（User Experience）、免费商业模式（Freemium）以及精细化运营（Operation）。这三个因素相互影响，共同构成了一个完整的系统（或称为互联网 UFO 模型）。网络思维是传统产业适应网络环境的一种重要的思维模式，也是一种新的经营理念。

在网络时代，企业在生产、运营、管理、营销等各个环节都提出了新需求，企业要改变传统的思维方式，树立网络思维模式。以大数据为代表的现代信息技术进行精细化运营；从用户的角度来看，改变经营理念，以极少主义、快速迭代和微创新原则为核心，实现产品的极致用户体验，比如腾讯公司、360 公司用户开发方面的成功案例就是最好的例子。

2. 推进企业互联网化的行动保障

国家将继续加大投资，逐步推进以移动互联网、云计算、大数据、物联网为代表的新型信息技术与制造业、能源、服务业、农业等行业的深度融合和创新，培育和发展新型经济，培育新的经济增长点。对已有的专项资金进行整合，用于"互联网+"有关平台的搭建及应用示范；开展股权众筹等互联网金融创新试点，支持小微企业发展；结合《证券法》的修改与股票发行制度的实施，降低创新型、成长型互联网公司的上市门槛，为一些具有良好发展前景但还没有实现盈利的互联网公司提供必要的政策支持。支持"互联网+"的探索和示范，推动"互联网+"的区域化和链条化发展。支持中关村等国家自主创新示范区和现代农业示范区的建设，加快推进"互联网+"创新政策的创新，突破对新兴产业准入、数据开放和市场监管的政策壁垒，探索符合新经济形态特征的税收和保险政策，促进"互联网+"产业发展。

3. 推进产业互联网化

推进产业互联网化，指的就是将互联网的应用范围扩展到传统的产业领域，强化互联网企业和传统行业的跨界融合，提升传统产业的数字化和智能化水平，从而将数字经济做大做强，扩大经济发展的新空间。数字经济所具有的资源、加工、服务等特征，使其具有了更大的工业互联空间。一般而言，产业互联网化是指推动互联网与第一、二、三产业的深度融合和跨界发展。产业互联的过程也就是传统产业转型发展、创新发展和升级发展的过程。

当前，要把"以供给侧结构性改革"作为主要任务，大力发展"网络化"，使之成为农业现代化的必由之路；大力发展工业互联网，是实现工业数字化和智能化的必由之路；大力推动服务业的网络化，是推动第三产业实现数字转型的主要途径。大数据的快速发展，加速了"互联网+"行业的发展，也将推动金融、教育、医疗、交通、旅游等领域的发展。

三、加快信息技术产业和数字内容产业发展

在数字经济时代，发达国家经济增长的决定因素已从生产要素的"规模效应"向知识的"溢出效应"转化，而以信息和数字技术为主的知识型产业正逐渐成为我国经济发展的新增长点。我国也应该跟上知识密集型产业发展的历史趋势，加速新一代信息技术的创新，积极发展数字内容产业，利用产业融合和链条经济来促进产业结构的升级和调整。

(一) 加强新一代信息技术产业发展

以云计算、物联网和下一代互联网为代表的新型信息技术正在蓬勃发

展，并已深入经济和社会的方方面面，成为推动创新、经济增长和社会变革的主要驱动力。在《关于加快培育和发展战略性新兴产业的决定》中，指出要加快发展新一代信息技术产业，加快建设宽带、泛在、融合、安全的信息网络，推动新一代移动通信、下一代互联网核心设备和智能终端的研发及产业化；加快三网融合的步伐，推动物联网、云计算的研发和示范应用。在我国，数字经济将会得到前所未有的发展机会。但是，由于我们在工业化的历史使命尚未完全实现的情况下发展数字经济，因此我们要积极进行新一代信息技术的创新，发挥它的带动力强、渗透力广、影响力大的优势，利用它的后发优势，推动工业和服务业的结构升级，走一条信息化和工业化深度融合的新型工业化之路。

（二）重视数字内容产业的发展

随着数字经济由"硬件为王"、"软件为王"向"内容为王"的转变，数字内容产业逐渐成为全球最大的新兴产业，并成为全球最具影响力的新兴产业之一。然而，与发达国家相比，我国在产业链条、产业规划和法制等方面都存在着较大的差异。在发达国家，数字内容产业的发展一般都是围绕着"内容产品"展开的，并在此基础上形成了产业链；而我国的数字文化产业却处于"有产无链"的状态，其所蕴涵的链式经济效应并未得到有效的发挥。目前，各省份、各地区都在蜂拥而至，没有进行全国范围内的统筹安排，这就导致了重复建设、同质化竞争以及资源浪费，对产业在未来的发展不利。我国的知识产权保护意识不强，各类侵权事件时有发生，对数字内容产品开发者的权益造成了极大的损害，极大地阻碍了数字内容产业的创新步伐。所以，我们要对数字内容产业的发展进行全面的规划，同时要加强对知识产权的保护，让链条经济能够充分推动数字内容产业的发展。

可以说，我国的数字经济正以前所未有的速度向前发展，并突破了传统的工业发展模式。因此，国家要在新的形势下，通过构建数字经济平台，实施"互联网+"战略，加强对数字内容产业的关注，推动国家的产业转型升级，提升国家的信息化水平，并在新的形势下，积极应对新的发展趋势。

共享参与战略决策

数字改变生活，数字经济发展也为我们的未来带来了变化。在数字经济的背景下，如何让社会、大众共同参与到数字经济的发展中，让整个社会、所有人都受益，是当前亟待解决的问题。这就是我国加速发展数字经济的起点和落脚点。

一、弥合数字鸿沟，平衡数字资源

当前，中国发展数字经济最大的优势是拥有庞大的用户群，这将有助于我们实现从"人口红利"到"用户红利"的顺利过渡。然而，以互联网为代表的数字革命普及和应用的不平衡现实客观存在。

（一）数字鸿沟的主要表现

在这个数字化的世界里，受教育程度较低的人群仍是"弱势群体"。从国外对数字差距的调查结果来看，数字差距的存在，除了依赖于网络的普及之外，还依赖于人们对数字技术的使用和掌握。这种现象在我国当前的数字鸿沟中表现得十分明显。

（二）弥合数字鸿沟具体举措

在前文的分析中，我们可以看到，当前，影响社会共享参与数字经济发展的最大因素就是数字鸿沟。为此，必须弥合数字鸿沟，实现数字资源均衡，推动全社会共同参与，推动数字经济的发展。现已采取了以下三个措施。

1. 建设数字政府

通过提高 Wi-Fi 网络的覆盖面和上网的便利度，加速推进并实现政府数据的开放和应用，引导大数据及相关产业的创新或研究，构建并整合市政府公共云数据中心，促进并推广政府部门的电子政务移动服务等，加速数字政府的建设，提高政府对人民参与数字经济的服务水平和能力。

2. 实现网络全覆盖

要加快对信息网络的基础设施的建设，让网络能够在最短的时间内完全覆盖到城市和农村，使数字经济成果惠及不同区域、不同地区、不同群体。

3. 加强信息化教育

利用数字技术，帮助贫穷家庭的孩子读书，学习知识，提高他们的整体素质以及网络技术；加速城市化的进程，让农村不上网的人群能够在生产和生活中进行转型，让民众能够更好地参与到数字经济发展中来。

二、大力倡导大众创业、万众创新

与国家创新驱动发展战略相匹配，实施大数据创新行动计划，激励企业和公众挖掘和使用开放数据资源，激发创新创业活力，推动创新链和产业链的深度融合，将大数据的发展与科学研究的创新相结合，构建大数据驱动的科学研究创新模式，将科技创新与经济社会发展相连接，推进万众创新、开放创新和互动创新。

（一）扶持社会创新发展

数字经济是一个蕴含着无限商机、展示着无限潜力的新的经济领域。在新的机遇和挑战面前，国家应当积极引导社会进行创新和发展，让公众能够从这座金山中挖掘出"金子"。

1. 鼓励、扶持大学生和职业院校毕业生创业

开展"大学生创业领军计划"，培养"大学生创业先锋"，鼓励（5 年

以内）大学生开展创业和创新活动；通过举办创业创新座谈会、邀请专家做讲座等方式，对大学生开展创业创新活动进行激励与引导；鼓励中等职业院校的毕业生到各行各业从事与普通大学生一样的工作；对高职学生提供创业辅导和法律援助。

2. 支持机关事业单位人员创业

对于机关事业单位工作人员经批准辞职创业的，辞职前的工作年限视为机关事业社保缴费年限，对于机关事业单位工作人员经批准辞职创业的，辞职前的工作年限视为机关事业社保缴费年限。

3. 鼓励专业技术人员创业

支持科技人员创业，探索高校和科研院所等机构科技人员在职和离岗创业的相关政策。离开岗位后，在原工作单位的允许下，可以保持三年的人事关系，并与原工作单位的在职员工一样，享受职称评聘、职务等级晋升、社会保险等待遇。支持以政府财政资金兴办的科研机构、普通大学、职业院校，通过合作实施、转让、许可、投资等形式，将科技成果优先转让给大学生创办的小企业。健全对技术人才的股权激励制度，放宽对股权奖励和股权转让的时间、利润等条件的要求。

4. 创造良好的创业、创新政策环境

简化企业的登记手续，对企业的各项费用全部免收，并对企业的创业补助、税费等给予优惠。取消了公司的最低资本金，并采取认缴资本金制度；精简企业注册前的审批事项，实行"先照后证"的注册制；放松对居住用地的注册要求，只要有居住用地的合法证明就可以进行注册；加快"三证合一"的工商行政管理体制改革，推动企业的工商行政管理和工商行政管理部门的工作。

5. 实行优惠电商扶持政策

以"互联网+"、大数据等为基础，促进各行各业的经营方式进行创新，

建立健全线上线下、国内外、政府与市场的公开协作等多种形式的创业创新体系。将国家已经明确的关于电子商务的税收支持政策完全贯彻下去，鼓励将个人网商转变成个体工商户或电商企业，对于在缴纳税款方面存在困难，但符合减免条件的，在经过地税部门的同意之后，可以适当地对地方水利建设基金、房产税、城镇土地使用税进行减免。对高新技术企业、软件生产企业以及技术先进型服务企业，鼓励其参与对高新技术企业、软件生产企业以及技术先进型服务企业的认定。如果它们满足了这些要求，并且被认定为是对高新技术企业的，可享受高新技术企业等相关税收优惠政策。

（二）规范和维护网络安全

随着移动互联网中各类新兴服务的迅速发展，用户的网络安全状况也变得越来越复杂。为了实现这一目标，国家必须强化法制体系的构建，增强人民群众的网络安全意识，保护好社会公众的利益，保护好公民、法人和其他组织的合法权益，推动经济和社会信息化的良性发展。

1. 网民安全感现状

当前，互联网的安全问题仍在影响着大多数的网民。据 39 次《中国互联网络发展状况统计报告》的资料，超过三成的人对互联网的安全性持信任态度，38.8%的人对互联网的安全性评价是"非常安全"或"比较安全"；另外，有 20.3%的人表示他们的上网环境"不太安全"和"很不安全"。

2. 网络安全事件类型

网上诈骗、设备中病毒木马、账号密码被盗、个人信息泄露是当前互联网用户所面对的最重要的网络安全问题。不规范的数据使用和管理，以及对个人信息安全的保护，不仅对公共利益造成了损害，还对社会稳定产生了严重的影响，对社会公众开放和共享数据信息的信心造成了严重的打击，这对大数据产业的长期发展不利，对我国经济的转型升级也产生了不利的影响。

3. 加强网络安全监管

随着移动互联网各种新生业务的快速发展，网民网络安全环境日趋复杂。为此，十二届全国人大常委会第二十四次会议通过了《中华人民共和国网络安全法》，为保障网络安全，维护网络空间主权和国家安全、社会公共利益，保护公民、法人和其他组织的合法权益，促进经济社会信息化健康发展奠定了法律基础。国家互联网网络信息办公室发布了《国家网络空间安全战略》，为国家未来网络安全工作的开展指明了方向。

目前，大数据已经从网络的范围扩展到了电信、金融、房地产、贸易等各个行业，与大数据相关的新技术、新产品、新服务、新业态层出不穷，并与大众的生活日益融合。大数据为社会发展提供了新的机会，但也对社会安全管理提出了新的挑战。面对上述问题，粤港澳大湾区研究中心主任陈琼建议，应从国家的国情出发，参考国外的做法，尽早开始对数据的利用、个人资讯的安全性进行规范，并在此基础上，制定相应的法律，保障个人资讯的安全性。要对数据使用进行规范，对非法盗取、非法出售、非法使用和过度披露数据信息的行为，进行专项打击，对市场秩序进行整顿。将不正当的数据利用行为纳入社会诚信档案，可以有效地净化数据利用环境。陈琼代表也提出，要加强行业自律，把这方面的规定写进各个行业的自律协议里，并在网络、通信、金融、医疗、旅游业等领域，建立一套对用户隐私保密的保密制度，以及一套对用户失信行为的联合惩罚机制。

（三）树立共享协作意识

随着移动互联网平台、大数据平台和手机 APP 等现代信息技术平台的广泛应用，社会与公众之间的联系变得更加密切。同时，它也为在数字经济条件下的社会协同发展创造了条件。

1. 积极发挥社会组织公益式孵化作用

社会组织实质上是一种自愿性的结社，它的特征是平等的、分享的、自发的，在会员之间建立起平等的交流、相互帮助的社会关系，可以推动积极的创造性思维。同时，自发成立的社会组织本身也是一种创业和创新，可以说，社会组织天然地具有创新、创业基因。为了提高创业、创新的成功概率，应该积极发挥社会组织对创业者的公益式孵化作用，弥补国家、政府、企业无法顾及的创业、创新领域。

2. 坚持共享协作发展

在数字经济背景下，企业的创新发展从单打独斗、孤军奋战走向了全方位、多层次的协同发展。因此，要想创业创新发展取得巨大成功，就必须充分利用移动互联网平台、手机 APP 等数字化服务，加强政府、企业、社会共享协同发展，形成"政府引导、企业主导、社会共享协同参与"的数字经济发展新格局。

总之，数字经济发展成果广泛惠及社会民众，这是数字经济发展的根本。因此，弥合"数字鸿沟"，实现数字资源均衡发展，是实现全社会共同参与数字经济发展的基础，是推动"大众创业"和"万众创新"的战略性举措，是社会共享参与数字经济发展的具体实践。对网络安全进行规范和强化，加快网络安全法律体系的建设，是实现社会共享参与数字经济发展的关键。

第3章 数字经济制度体系构建

数字经济发展历程

从 20 世纪 90 年代开始，数字经济的发展经历了数字化、网络化和智能化三个发展时期。数字经济的概念与内涵在不断地发生着深刻的变革。在数字经济中，它不仅仅使消费者的消费观念和消费行为发生了变化，还颠覆了生产模式，改变了市场结构，更是促进了产业结构的转型升级。在技术、产品和服务、市场、产业和政策等方面的深度融合与良性互动的基础上，数字经济的发展正面临着一个千载难逢的历史机遇。

一、信息技术是促进数字经济发展的有力支撑

数字经济是通过大数据、云计算、人工智能、区块链、物联网等新技术，引领传统经济的数字化转型，连接经济全球化过程中的生产、交换、分配和消费。美国在世界范围内处于创新、价值、产业链的中高端，同时也是某些产业增值能力最强的国家之一。要实现由"中国制造"到"中国创造"的转变，就必须站在科技领域和未来发展的制高点上，在关键技术上取得突破，在自主创新上取得长足进步。在通信、芯片设计等多个方面，我们已经突破了美国在高新技术产业上构筑的高技术垄断障碍。

（一）数据是驱动数字经济的最关键生产要素

数据是一种贯穿整个数字经济活动的客观物质条件，它是数字劳动所需

要具备的必要条件。数字技术是人类的劳动能力的一种扩展，它以固定资本的形式出现，并与劳动力资料相融合。从数字劳动的生产力三要素（劳动资料、劳动对象和劳动者）来看，劳动资料变得更具技术性，数据变成了劳动对象，劳动者则更具创新性。劳动资料的数字化（包括数字本身成了劳动资料以及传统劳动资料的数字化）是生产方式变革的起点，并深刻地影响着在劳动过程中活劳动和劳动资料的结合方式。劳动对象的数量化源于劳动材料的数量化，技术的发展促进了劳动材料与劳动对象之间的关系，两者之间存在着不可分割的联系。数字劳动与一般劳动的本质区别，在于将数字化的知识与信息，也就是数据，当作重要的生产资料。在产品的生产、流通中，不仅要经过特定的时间，还要耗费特定的费用。数据是一种非常重要的生产资源，对节省时间、节省费用都起到了很大的作用。一方面，它能够缩短劳动时间、劳动过程的正常中断时间、生产要素的储备时间以及购买时间和出售时间，缩短资金周转的时间，加快资金循环的速度；另一方面，由于减少了与劳动力相关的生产资料的消耗，减少了公司的储备和管理成本，减少了公司在购买和销售的过程中的匹配成本、搜索成本，所以，相同的资本量可以雇佣更多的工人，并创造更多的价值。而"流通成本"理论对于提高流通效率、减少交易费用也具有一定的现实意义。流通与生产同样重要，但在数字经济背景下，流通环节的形态与逻辑发生了改变，传统的企业组织体系被破坏，形成了新的流通渠道与交易空间。在生产层次和流通层次，数据的附加值都是以多种途径得到提升的。在数字经济时代，数据已经从一种资源变成了一种可以变现的资产，它已经变成了与土地、资本和劳动力不同的另一种重要的生产要素和无形资产，它还可以推动经济发展，提升生产效率。数据生产因素表现出了某种程度的非竞争特性。从土地到资金，到数据，各要素之间的竞争性呈递减趋势。这种非竞争的特征表现为：第一，信息采集的实时性和成本较低；二是资料运用的即时性；三是在收集、管理和使用某一种信息的同时，又不影响其他信息主体使用该信息。

只有通过对数据的存储、流动和使用，才能把数据资源变成数据资产。数字经济促进了数据与信息的获取、流动与交易，使得信息的传播更为直接与畅通，这既增强了速度与精度，也减少了交易成本，提升了劳动生产率。数据安全、有效地传输对促进数字经济的健康发展起着至关重要的作用。借助信息技术，合适的数据可以在合适的时候，通过合适的方法，传递给合适的机器和人。在世界范围内，由于收集、处理和积累了大量的数据，大数据已经成为与自然资源和人力资源并驾齐驱的战略性资源。可以说，不管是现在还是未来，只要掌握了大数据，就能在发展中占据主动位置。大数据的广泛应用，将会改变人们的思维方式，改变人们的生产方式，进而促进生产要素的整合，激励人们的创新，增强宏观管理的有效性。随着时间的推移，大数据的思考方式和应用价值也越来越明显。在产业互联的背景下，"大数据+云计算"加速推动了数据在数字经济中的"蒸汽"和"电力"的发展，工业大数据的开发与应用正逐步深入整个产业链，在生物医药、环境保护、科研教学、工程技术、国土安全等领域显示出了巨大的应用潜力。

数字化平台的竞争优势，主要体现在它的搜集、分析、转化、盈利等方面。通过数字平台，用户可以生成大量的数据，而且年均增速异常快速，无边无际的数据之海蕴藏着极大的生产力与商业机会。对于个人消费者而言，他们的日常消费和各种交易活动所产生的各种消费费用的"数据"就是他们的劳动价值的结果。对于用户而言，单个的数据是毫无意义的，而平台企业，这些以盈利为目的的实体，免费或者低价获得了这些数据，经过深入的挖掘和分析之后，很可能会变成一种数字商品。当使用者在平台上浏览网页时，也就变成了平台公司获取利润的一个过程，在数字化经济条件下，剩余价值的生产方式已经被资本家的逻辑所取代。在这个过程中，用户和数据在企业的价值创造中起着举足轻重的作用。他们在平台企业盈利动机的指引和驱动下，参与劳动价值转化和交换价值的实现，扩展了市场关系和劳动关系。由于其空间上的非定地化、时间上的弹性特性，数字化劳动力可以在时间和空间上进行无限延伸，从而拓展了资本对剩余价值的攫取范围和深度。

（二）通信基础设施建设不断推进

我国积极推进网络强国建设，现已建立起世界领先、全球最大的移动通信网络和光纤通信网络，并进一步强化了对数字经济运行的支撑作用。当前，数据中心在国内发展迅速，逐渐呈现出网络布局不断优化、网络容量不断增加的趋势。近几年，随着我国网络容量的持续增加，我国的数据业务需求持续快速增长，网络提速效果显著。

在 5G、IPv6 等方面，我国也加快了部署步伐。5G 作为一种新兴的通信技术，将极大地促进整个移动网络的发展，并在世界范围内具有重大的影响。5G 技术是当前世界上最重要的信息技术，包括人工智能、虚拟现实、智能家居、智慧医疗、智慧城市、车联网、城市管理、环境监测、智能交通和工业互联网等，具有高速、低延迟、广连接等特性。5G 将重塑城市信息基础设施，推动相应的设备制造企业快速发展，并将引领由消费互联网向产业互联网的深度转型，这将对扩大内需、促进就业、促进经济增长、促进实体经济转型、促进经济高质量发展具有重要意义。与此同时，IPv6 技术在国内的推广应用也在稳步发展。IPv6 具有更高的传输速率、更低的反应时延和更高的吞吐率。目前，我国的 IPv6 用户数量正在不断增长，已经位居世界首位。

（三）人工智能加速发展

随着算法开源、计算能力的提升以及专用硬件的不断开发，以深度学习为代表的人工智能技术得到了快速发展，并已成为人类迈向智能社会的一大推动力。以传感数据、图处理为代表的各类计算平台，推动了包括图像分类、无人驾驶、语音识别、人机游戏、知识问答等在内的人工智能领域不断取得突破性进展。通用人工智能正在加快向人与人之间的协同、自主智能的方向发展；一些智能探测、图像识别、人脸识别等技术也正在跟上人类智能的步伐。具有灵巧性、体积小、功能强大等特点的机器人正得到越来越多的应用，在工业、民用、军事等方面有着巨大的发展潜力。世界上的主要科技公司都在积极地在大数据和人工智能等技术生态上进行布局，争取在相关的行业中取得优势。而没有大数据的支持，人工智能的发展是不可能的。

我国持续加大对人工智能发展和应用的支持力度，提高人工智能研发强度，扩大其应用领域，全面提高我国在人工智能领域的国际竞争力。以人工智能为核心的第四次工业革命，已经拉开了序幕。人工智能技术的应用，让各个产业的运作效率得到了提升，给数字经济的发展带来了新的动力，深刻地影响了生产力和产业结构。

二、数字经济中产品和服务的供给效率快速提升

在颠覆性创新技术的帮助下，数字经济可以催生出新产品、新服务和新业态，充分发挥平台经济、分享经济、开源经济和零工经济等新模式的优势，以达到最优配置资源的目的。

（一）从边际费用上升到边际费用下降和从边际效用下降到增加共生

在传统的经济学中，边际费用增加与边际效用减少是一种普遍的理论假定与前提。理论上，在一定条件下，企业必须为其生产所需的各个因素设定最优的投入比例。物质生产主要依赖于固定资产。在资本的边际效用递减的定律的限制下，固定资本的价值创造能力会被限制。一开始，它的边际成本会逐步降低，但在达到一定的规模后，就会产生规模不经济，而边际成本也会随之增加。随着各因素的变化，各因素的投入水平在一定的阈值后，各因

素的边际效用便会呈现下降的趋势。

数字经济表现出从边际成本增加到边际成本减少，从边际效用减少到边际效用增加的变化规律。由于数字技术的虚拟性、可复制性和非竞争性，决定了数字经济的边际成本递减，并趋向于零。以研发费用和专用设备等为主要的固定费用，其变动费用趋近于零；在数字经济背景下，技术往往是一种知识性商品，当其获得成功时，其额外的知识性商品的边际成本也会趋近于零。可以看到，在数字经济背景下，许多企业在存储、运输和复制数据以及相关的产品和服务时，其边际成本接近于零，这既可以降低库存费用，又可以促进生产要素的多维度协作。

与此同时，每一种商品或劳务所带来的附加收入也随消耗量的增大而增大。数据资源是可以被反复利用的，越用越多，不是越用越少。在数字经济环境中，无竞争、无边际成本的特征使得其能够有效地吸引新兴市场主体，从而降低了创新成本，并增加了"创造性破坏"，提高了社会的流动性，同时也能够有效地抵消由贫富分化、人口老龄化等因素导致的社会创新动机的减弱。无形资本具有非竞争、边际效应递增等特征，使其产生更多的价值。随着无形资产投资规模的扩大，对传统的经济增长理论提出了挑战。

（二）规模经济和范围经济共同提升供给效率

在需求方面，由于某种产品或服务被更多的人使用，使得某些消费者通过对这种产品或服务的消费而得到更大的收益。需求方的规模经济又被称为网络效应，它被分成了两类：一类是直接网络效应，另一类是间接网络效应。在数字经济中，当供应端的规模经济促使生产者成本降低的时候，需求端的规模经济促使消费者价值递增，从而提高了生产者和消费者的剩余以及社会的整体福利水平。长期以来，在理论与实践中，对如何降低成本、提高效率进行了大量的探讨，但在实际应用中，企业的长期平均成本往往是先降后升，从而限制了其生产规模的进一步扩大。与传统经济相比，数字经济具有更为显著的规模效应、更大的潜在性，其乘数、加速作用也更为显著。生产者要想获得最大的利益，主要是靠着扩大互联网用户的规模，利用规模经济来获得生产率、成本和价格加成的优势。伴随着跨境电商的迅猛发展，数字贸易的发展正在加速重新塑造着世界贸易的格局，因此，规模经济的作用有了更大的发挥空间。

传统的范围经济理论是基于产品之间在生产和销售过程中存在着一定的关联性，这种关联性的大小取决于产品之间的关联性。数字经济突破了传统的"数量—成本—价格"的逻辑关系，在其本身的商品与服务中获得了额外的利益。顾客需求呈现出个性化、碎片化、实时化、情景化等特点，使得商品与服务自身变得更加复杂，从而使供给系统变得更加复杂。根据梅特卡夫定律，网络价值以用户数量的平方的速度增长，网络价值等于网络节点数的平方。针对特定的网络平台，在这种情况下，消费者的意志得到了充分的表达和聚集，从而使其更广泛地参与并对整个生产系统产生深远的影响。在这种情况下，对于生产者而言，如何精准、实时、低成本地适应并响应顾客的意图与需求，从原先的大规模生产转向大规模定制生产，是提高企业核心竞争力的重要途径，也是对以标准化、大规模、低成本生产为特征的传统生产模式进行冲击的重要途径。

在数字经济背景下，"范围经济"的产生条件从"产品关联性"转变为以用户为基础的"规模经济"。网络协同供应与模块化生产是当前数字经济发展的重要特点。在满足用户异质性商品需求的同时，也会产生网络协同效应与规模经济效应，两者互相促进，不断扩大，从而推动了数字资本的积累与数字经济的发展。

（三）消费者的数字化、多元化、个性化需求成为生产的重要推动力

在传统的经济体系中，生产者处于支配地位；消费者是在现有的产品中作出选择的，与生产商相比，他们都是被动的，也都是从属的状态。在数字

经济持续发展的背景下，消费者与生产者之间的不对称关系已经改变，消费者在市场中的话语权越来越大，其影响和角色也越来越大，在市场中扮演着需求提出者、生产参与者和产品推动者的角色。尤其是对电子商务行业来说，其性质已从纯粹的贸易形式变成了一种有顾客参与的生产模式，而顾客通过平台公司获得了更多的权利。在数字经济背景下，用户对产品的异质需求在一定程度上转变成了协作式制造。在传统的标准化、批量生产的产品和服务无法满足顾客的需求的情况下，顾客不再只是一个被动的最终购买者，而是更愿意借助数字化的平台，成为一个产品和服务的创造者、设计者。数字经济是一种强调生产、交易成本和资源配置的新的、有价值的、具有相对优势的经济形态。区别在于，它不仅善于预测和挖掘潜在的需要，还能为顾客创造新的需要，并为顾客提供个性化的商品或服务。诸如扫码点餐、电子支付、健康码注册这样的产品与服务，都是具有代表性的创新运用。维基百科就是从用户对合作式产品的需要和合作式创新的需要中诞生的，任何人都可以在维基百科网站上编辑、删除或者创建内容，如此才有了维基百科的活力和声誉。

基于互联网和大数据的企业运营模式，制造业企业已展现出了强大的竞争优势。为了满足客户的特定需求，企业会推动自己加快组织变革和技术创新，以在更短的生产周期和更低的库存水平下，为客户提供更多的产品和服务。通过数据爬取、挖掘等技术方式方法，企业能够对海量数据进行技术处理，从而无限接近消费者真实的异质需求，挖掘和预测其潜在需求。利用二维码作为一种新的媒体载体和重要的技术手段，可以实现商品标识追溯、移动网络入口、网络空间安全管控。同时，通过分析所产生的商品生产、流通和销售数据，指导自身优化生产、库存和调货等生产运营环节，实现数字化管理的转型升级。为识别、获取和分析顾客的需求和喜好，生产者要打破传统的科层结构，不断优化公司的组织和运营架构，把数据融入业务的全链和全环节，确保快速补货、小量生产等指令能够及时准确地下达到生产部门，并对生产的各环节进行实时智能监控，快速响应顾客的需求，为顾客提供最适合的产品和服务。在现实生活中，以互联网意见领袖为代表的消费者，利用视频直播等技术手段，实际上已经先行参与到产品的生产过程中，他们所提出的消费要求得到了生产者的响应，而且会在一定程度上得到快速的实现和满足。这样不仅能提供大量的个性化产品和服务，而且还能缩短制造时间和降低制造成本。在数字经济的背景下，平台企业可以通过对生产者和消费者的协同作用，实现对生产者和消费者的价值创造。在线互动将顾客的情感、需要、体验、意见、行为等数字化，帮助商家累积数据资产；线上互动也为消费者参与企业产品研发、生产制造、营销服务等环节的创新提供了便利，形成了供需双方协同创新的良性互动格局。从这个角度来说，数字经济能够有效地缓解消费者的异质需求与企业的规模效应之间的矛盾。

三、数字经济发展的市场优势显著

在发展数字经济中，我国具有巨大的市场规模优势，能够实现"弯道超车"，具有较大的发展潜力和回旋余地，支撑其发展的要素条件日益完善。数字经济通过数字化、智能化和网络化的技术方式方法，将生产者和消费者连接在一起。在大数据和平台的支持下，供需双方能够实现点对点的沟通，降低了交易成本，提高了信息公开、资源配置效率以及数字经济的运营效率。

（一）数字经济中的市场具有开放性、透明性和虚拟性特征

市场是买方和卖方之间进行交易的场所。在传统的经济体系中，生产者将产品的使用价值让渡给顾客，从而获得产品的价值。在传统的经济学中，市场这只"无形之手"通过价格、供需以及竞争等因素将资源导向最有效

的领域。但是，对于信息的收集、整合、分类、处理和处理等方面，生产者和消费者的能力是有限的。在供需双方时空不对称的情况下，生产者往往不能准确把握顾客偏好的改变，仅凭自己所知的有限信息做出决策，从而造成了无效供给、资源浪费。同时，由于生产者通常具有相对的垄断，因此，消费者的剩余将会转向生产者剩余。在数字经济背景下，生产厂商在向用户提供数字信息产品的同时，并不意味着对其利用价值的转移。互联网技术使市场环境变得更加透明，市场环境变得更加开放，市场的准入门槛变得更低，市场参与者的机会变得更平等、更方便。在"虚拟"与"实体"之间，存在着相对稳定的关系，这使得"实体"与"虚拟"之间的映射能够突破"时间与空间的限制"，从而实现商品交易。这一切为发展数字经济创造了有利的市场条件。

（二）技术因素深化了市场发挥作用的广度和深度

通过数字化、智能化、网络化的技术，可以有效地解决生产与价格的矛盾，在某种程度上取代了以价格为代表的市场机制。在数字经济背景下，消费者有了获得更多信息的机会，消费者的选择偏好、效用预期等受到"算法"的影响。在这种趋同化偏好下，生产者不仅能够预测并挖掘出潜在的需求，放大需求端的规模效应，为顾客创造新的需求，还能为顾客提供个性化的产品与服务（小批量、低库存、更贴近市场），使生产方式从以往的单一生产者生产，转变成生产者和消费者的大规模协作生产。

随着社会应用、移动支付和电子商务等新兴商业模式的兴起，网络公司在为用户提供服务的同时，也积累了大量的用户关联数据。关联平台通过对具体数据的分析，可以准确地找出影响消费增长的因素和途径。在达到了一定程度的消费者积累之后，可以利用数据测试和挖掘的方式，对消费者的需求进行分析，进而可以对产品进行快速的迭代和优化，让它变得更适合消费者的需求，这样就可以持续地提高顾客的满意度，提高顾客的黏性。以开放共享平台为媒介，为供需双方提供多种信息，在将供需双方连接起来的同时，增强了他们之间的信任，促进了良性互动，并起到了监管与协调的效果，减少了生产企业的运营风险与交易费用，促进了消费者利益的最大化与帕累托最优。例如，对于直播带货、网约车这些行业来说，通过大数据、平台等手段，可以让供需之间进行"点对点"的交流，达到更好的效果。将互联网平台与道路运输物流有机结合，实现了货物与车辆的精确匹配，可有效缓解车货错配难题，降低空载率，节省燃料，降低碳排放。在平台经济环境下，通过市场一体化，降低了交易费用，减少了国际贸易障碍。同时，平台企业在全球经济一体化的背景下，发挥着组织和网络嵌入、制度协调和联结、资本和知识互动等中介角色。

（三）数字经济中的市场蕴含广阔的发展空间

我国数字经济的发展离不开稳定、巨大的市场需求。技术领先并不一定就会带来产业领先，庞大的国内市场以及技术创新是推动我国数字经济在全球迅速发展的重要力量。数据的庞大数量和市场的巨大优势，为一些技术的商业化创造了有利的条件，既能促进需求的扩张，也能促进创新效率的提升，使企业从全球价值链的低端锁定中走出，成为产业发展的领头羊。在数字经济背景下，信息、资本、物流等要素构成了市场边界。借助互联网等信息技术，市场信息能够打破时间和空间的限制，实现实时互动和精准匹配，增加了交易的可能性。阿里巴巴的电子商务平台、顺丰的快递模式，都遵循着市场经济的规律，充分发挥出巨大的市场效应以及国内需求的潜能。这些模式都存在着双边市场的特征，一方面对着生产者或批发商，另一方面对着消费者，双方表现出了共同演化和动态调整的特征。

四、数字经济涵盖的产业部门和领域不断扩大

传统产业经济学理论将企业的生产行为视为由产业链中各个环节中的成

员所提供的信息反馈来制约企业的生产行为，而企业的生产行为又被地域所限制。在数字经济中，随着互联网、大数据、人工智能等技术的深入融合，企业的行为模式和产业组织结构都在发生着深刻的改变。产业链从单纯的直线向复杂的网络演变，产业组织形态向协同、共享、扁平和柔性转变，产业分工的边界也随之变得越来越模糊。在"达维多定律""摩尔定律""梅特卡夫定律"等的指导下，新一代的信息技术正推动"万物互联化""知识智能化""数据要素化""财富虚拟化"的发展。在数据智能与网络协同发展趋势下，数字经济产业结构由纵向一体化向横向一体化转变。数字经济与实体经济的融合焦点已经从消费向生产的方向发展，出现了数字消费与数字生产并行共荣的局面。要把传统的工业结构提升到中高端，就必须用数字经济来作推动力。在数据的驱动下，新的技术与新的生产方式正在形成。数字经济对现代工业系统的建立与发展起着重要的推动作用，对传统的工业模式与结构产生了深刻的影响。

（一）数字经济为工业发展提供了新的空间与新的领域

《数字经济及其核心产业统计分类》（2021）中，将数字经济分为：01 数字产品生产，02 数字产品服务，03 数字技术应用，04 数字要素驱动，05 数字效率提高，5 个行业共 5 个大类。其中，对应于数字经济核心产业的 01—04 大类，即数字产业化部分，主要包括计算机通信和其他电子设备制造业、电信广播电视和卫星传输服务、互联网和相关服务、软件和信息技术服务业等，是数字经济发展的基石。第 05 类为"产业数字化"，指利用数字技术与数据资源，实现产业产出与产业效益的提升，是将产业数字化与实体经济相结合的一种过程。

以高渗透率、高生产力为特点的核心产业，将成为未来数字经济发展的"朝阳产业"。近年来，我国软件产业取得了长足的进步。以底层芯片、基础软件、应用软件等为核心的大数据产业，能够为其提供全链路的技术支撑，是大数据产业发展潜力巨大、发展速度最快、最有活力的细分市场。大数据环境下，产生了一系列新的产业、新的商业模式。伴随着大数据产业的迅速发展，相关产业间的相互关联程度不断提高，产业间的相互融合也不断加深，从而促进了创新链、供应链、产业链、价值链等各环节的相互融合。从全球来看，大数据产业正在迅速发展，在人工智能、先进制造、自动驾驶、金融与商业服务、医疗与健康管理、科学研究、社会保障、突发事件监测预警、信用评估、城市管理等方面发挥着越来越大的作用。从全球来看，产业数字化已经成为数字经济的重要推动力。一个国家的经济发展水平越高，它的工业数据在其中所占的比例就越大。在新冠疫情的冲击下，数字经济具有比传统经济更强的适应性以及更大的发展潜力。信息技术从多维度发力，协助新冠疫情防控，不仅支撑了信息服务、疫情防控、科研检测、物流管理、物资供应等工作的有序开展，还引发了新一轮数字化浪潮。信息技术丰富了数字经济的生态圈，有效防止了企业倒闭和员工失业，对复工复产和经济恢复起到了重要作用。健康码的使用提高了检测的效率，视频会议的使用便利了居家办公、在线招商、在线签约、在线咨询、在线教学，人工智能加速了新药和新疫苗的研制，这些都为我们的疫情防控和数字经济的发展作出了巨大的贡献。

信息化在工业领域的应用越来越广泛。将记忆、感知、分析、决策、学习等功能融入生产流程中，大大提高了各个行业的劳动生产率。电子政务、在线教育、在线外卖、跨境电商、互联网理财、共享单车、网络支付、网络文学、网络直播、网约车等新兴产业层出不穷，它们以巨大的互联网消费群体为主导，对人们的思维方式和生活方式进行了重塑。随着互联网服务从生活消费领域向工业领域延伸，融合产业互联网和消费互联网，尤其是智能化运营和个性化生产已成为新的发展趋势。在我国，产业互联网的发展潜力和市场空间是巨大的，各行业对于运用数字技术提高生产和运营效率的需求是越来越迫切的。在数字经济背景下，智能生产和智造模式、网络化协同制造模式、个性化定制模式、服务型制造模式等被建立了起来。这种模型将随着信息技术的革新而不断发生变化。众包制、分包制、项目制、中间商等形式将进一步完善并重新塑造数字经济模式。物联网和云计算的融合，将会促进智慧建筑和智慧城市的发展，给人们带来更加便捷的出行、工作和生活方式。在农业上，实现了无人化操作方式。在冰冻区，采用无人化的采矿生产方法，增加了矿业产出，大大改善了人们的生活质量和物质财富。

（二）数字经济呈现"三、二、一"产业逆向渗透趋势

传统的经济侧重于物质产品的加工和生产，工业、农业、第三产业的划分非常清楚，产业组织结构是基于产业链和产业集群，创新活动都在产业链的上下游或产业集群中进行，其最显著的特征是垂直整合。它具有很强的交互性、很高的渗透性等特点，它使传统行业的边界日益模糊。在数字经济环境中，企业的创新行为呈现出网络化、协同化和生态化的趋势，并逐渐形成了平台化、服务化和国际化等新型的产业组织形式。数字信息产业加快了信息与知识要素在产业系统中的流通，具有融合性和高渗透性，明显加快了传统产业转型升级的步伐，改变了传统的固定资产周期、生产周期和资本周期，重构了产业体系和发展动能，实现了对传统产业的个性化定制、智能化生产、网络化协同和服务化制造，彻底重塑了传统行业格局。智能制造作为工业数字化的基础，进一步拓宽了现代工业体系的边界，推动了生产效率与规模的不断提高。数字经济利用物联网、云计算、大数据等技术，使得制造业产业链中的各个环节得到了高度的整合，极大地提升了资源的利用效率，从而实现了产业结构的转型升级，并将其推向更高的价值链区间。

随着新型的基础设施的不断完善，数字化、网络化的供应链平台缩短了时空的距离，将设计商、制造商、供应商、集成商等各环节联系起来，提升了供应链的效率，节省了时间，降低了成本。相较于第一、第二产业而言，

第三产业的发展更为迅速。在这一背景下，电子商务、网约车、网络教育、网络金融、网络医疗、网络娱乐等新兴产业蓬勃发展，推动了全行业劳动生产率的提升。然而，由于"体量"的不足，其支撑作用还没有完全发挥出来，相较于第二、第三产业的交易费用高、固定资产占比低、技术强度低，因此，它的数字化转型难度比较小，这也更有利于员工向数字化技术员工转变。在第三产业中，现代服务业的数字化发展要高于传统服务业，其中以金融、科技、酒店、餐饮等行业发展速度为代表。

五、数字经济发挥了就业"稳定器""倍增器"的作用

科学技术与工业革命对我国的就业结构进行了深刻的调整与变革。在工业革命中，机器取代了人的劳作。在数字经济的背景下，人们的大脑工作被机器所取代。以人工智能为代表的数字经济的前沿技术使得机器学习的研究方法得到了迅速的发展，大量的非标准化工作正在逐步被机器所取代。数字经济是一种新的经济形式，它的出现不仅增加了就业总量，也促进了就业规模的升级。当前，我国正在大力发展数字经济，优化就业结构，扩大就业规模。在我国，发展数字经济既可以保证城市中的劳动力的充分就业，又可以为城市中的富余劳动力提供更多的就业机会。

数据是一种重要的生产要素，参与收入分配，影响利益调整。数字经济促进了企业与企业的互利，促进了企业的资本收益与员工的薪酬水平的提升，从而缓解了企业与企业之间的矛盾。从传统的角度来看，从制造业转向服务业，工人的工资水平会下降。在美国，由于数字经济具有资金偏好，尽管产业集中程度和资金收益率都提高了，但是工资收入在国内生产总值中的比重却降低了。在这个例子中，财富的分配是有利于资本，而非劳动力的。数字经济在中国的发展，对这一趋势提出了挑战。在中国，互联网帮助中低收入阶层的人提高了收入。以网络公司、平台公司等建立的共享用工平台、

灵活就业保障平台为基础，促进创客、小微企业主在公司内部开展创业活动。电商吸收的就业增长，促进了就业质量的提高，抑制了结构性失业的产生。因为数字技术让相同的劳动者提高了服务客户的规模和水平，从而造成了相应的收入水平通常比传统制造业从业人员的收入要高（送餐员和司机的平均月度工资超过 5 000 元）。这很大程度上是因为在数字经济的时代，庞大的人口基数带来了新红利。因为我们有大量的城市、高密度的人口、高网络效应以及相对低廉的劳力成本，所以数码科技与劳力相结合，可以提高经济的活力与效率。与美国相比，中国的数字化经济更多的是一种劳动力互补性而不是一种劳动力替代性经济。

数字经济制度体系的构成与构建对策

一、数字经济制度体系的构成、特征和目标

制度体系是作为数字经济发展的基石和保证，它应该是明确、具体的，并且具备一定的可操作性，这样才能给数字经济的参与主体带来一个稳定的预期。数字经济制度体系的设计和内容安排、数字经济制度的激励功能和约束功能的有效发挥，都围绕着数字经济制度体系的制度均衡、产权保护、费用节约和效率提升等目标来进行。

（一）数字经济制度功能发挥的基本原则

数字经济制度是一种系统化的、规律性的、调节数字经济运作的基础机制。在对其进行激励与制约的过程中，必须遵守公平、效用、法定、及时原则。

1. 公平原则

赏与罚是公正的核心，是人人平等的理念在数字经济体制中的拓展与运用，也是实现数字经济发展的基本准则。在此基础上，建立一套适用于数字经济的法律体系，对数字经济中的每一个参与主体，在适用数字经济制度的时候一视同仁，采取同等行为同等对待的方式，类似情况相似处理，做到同情同判。在制度设计中，要避免过度激励。

2. 效用原则

效用原则对于人类的生产活动具有一定的导向作用，这也是制度能够起

到激励与制约作用的哲学依据。在数字经济体制的变革中，数字经济主体可以通过特殊的制度安排来达到自己的目的，并表现出某种相对的自治性和策略性。期望的利益大于其成本，这是数字经济主体参与建立、遵守或改变制度的先决条件。在公平的前提下，对数字经济中的参与者进行积极的指导与约束，使其在追求个人利益的前提下，达到或趋近于整体利益的帕累托最优。就数字经济的体制而言，无论是激励机制还是制约机制，其所获得的期望利益都应该超过其所付出的代价。

3. 法定原则

在数字经济中，不管是对激励制度，还是对约束制度，都应该遵循法律的基本要求，对激励约束的内容、条件和途径进行详细的界定，并且要按照法律的要求，按照一定的程序进行落实，从而对数字经济中的参与主体的合法、正当的权益进行保护。在此基础上，要防止职权滥用，防止越权。

4. 及时原则

对数字经济的奖励机制和限制机制的执行时间越短，就越公平，越有效率。从时间的角度来看，既要注重时间，又要注重效果。延迟与积压会引起消极的情绪，从而造成不希望出现的负面影响。

（二）数字经济制度体系的构成

数字经济的制度体系是由相关的具体制度构成的一个整体，每个具体制度都有自己的制度作用，这些制度之间也会相互影响、相互依赖，因此才能确保数字经济的良性发展。在数字经济制度体系运行的过程中，对人的需求、动机、目的和行为的影响，主要有结构与功能、规则与程序、过程与结果等环节，通过对人的需求和动机的引导，对数字经济参与主体的需求和动机进行激励或约束，使其朝着预定的方向去行动。在数字经济的制度体系中，有产权制度、规划制度、创新制度、开放制度，也有税收征管、公平竞争、测度考核、安全保障等具体制度。本项目的实施，将有助于稳定市场预期，规范数字经济主体行为，遏制机会主义，推动数字经济持续健康发展。趋利避害是人的基本行为准则。激励与约束并非对立的，它们相互补充，相互促进。在数字经济的运作中，要想对人的行为进行有效的指导与控制，必须采用"激励"与"约束"相结合的手段。对数字经济体制构建的研究，需要从激励与约束两个方面进行系统的研究。对激励与约束的手段与策略进行规范与程序化，并对其进行分离，形成了激励制度与约束制度。

1. 激励制度

激励是人们对行为主体作出的积极或肯定的评价，其直接对象是人的动机和需要。系统激励可以影响个人的行为导向与动机偏好。在数字经济发展过程中，制度的作用如何，将直接影响到其发展的方向、进程和速度。而要想从根本上解决人的动机问题，就必须从根本上使其在数字经济中起到激励作用。在此基础上，提出了一种新的、有针对性的、可持续的、具有自主意识的、积极的、有组织的行为模式。激励制度是一种吸引和引导，建立在自主和自愿的基础上，而不是建立在强迫或强制的基础上。本文所涉及的激励机制，主要有：产权制度、规划制度、创新制度、对外开放制度等。产权是规范数字经济行为的关键。产权制度的最大功能就是使各市场主体能够将外部性内化为自身的动力，进而提高资源的配置效率。科斯原理认为，市场的运作以产权为中心，它不仅是最优的资源配置，而且是一切制度的奠基石。健全的财产权利制度，对于维持交易秩序、减少交易成本、提高经济运转效率，都起着举足轻重的作用。计划体系是一项长期的、综合性的规划制度。在数字经济规划体系中，重点关注的是总体目标与重点任务，协调好数字经济长远发展中的总量与结构问题。

尽管规划本身也存在着一定程度的约束性，但是规划本身更多的是以指导性为主要内容，它还具备了建议性、预测性和灵活性，希望数字经济主体能够自行、主动地按照规划的目标和意图来行事。规划系统通常会牵涉到一定的利益分配问题，这就会促使数字经济主体根据自己的实际情况和需求，趋利避害地采取符合实际利益的行动。因此，计划体系在很大程度上起到了"诱导"和激励的作用，这对降低数字经济发展的盲目性，对资源的合理引导、流动和配置起到了积极的作用。因此，本文将与数字经济有关的计划体系纳入激励体系中进行了探讨。

2. 约束制度

约束制度是一套规定，使数字经济的参与者必须为自己的行动付出代价。监管与处罚是保障，对违规行为进行处罚的依据。约束制度通过干预或控制的方式，对数字经济中的个体进行形塑和调控，从而矫正个体的自发性或机会主义行为。数字经济要将发展与安全结合起来，只有在对其进行激励的同时对其进行有效的约束，这样才能以良好的法律来促进数字经济的高质量发展。约束制度的内容包括：税收征管制度、公平竞争制度、测度考核制度和安全保障制度。

税收征管制度是指在数字经济中，以相关的法律、法规为依据，对税收的征收过程展开的组织、管理和检查的活动。税收中性原则是指数字经济条件与传统经济条件下的税负相等。在数字经济活动中，在数字技术和平台的支持下，跨国数字企业不仅能够进行实物商品的跨境生产运营，还能够进行在线销售。因此，在收入来源地建立实体机构的需要已经出现了减少，这对传统的常设机构原则提出了挑战，对收入来源地要求分享跨境数字经济活动税收利益的挑战也越来越突出。在我国，对数字经济的税收征收管理，不仅要遵循税收征收管理的基本原则，而且要与国际上的税收规则相一致。

在市场经济体系中，公平竞争制度是其核心经济制度。与传统经济相比较，数字经济中的竞争方式从"产品"到"平台"，从"静态"到"动态"，由"资金"到"技术"和"知识"，从市场营销到"流量"。多层次的、跨界的、平台的、算法的竞争正在逐渐渗透到传统的竞争模式中去。随着规模经济与范围经济的融合，"赢家通吃"的局面正在改变着传统的竞争与垄断模式。其中，平台、数据与算法构成了新的竞争性市场结构。公平竞争制度是在解决数字经济中存在的突出问题的基础上建立起来的，它将公平竞争审查、公平产权保护工具和手段等竞争政策运用到实践中，以确保所有数字经济主体都可以获得公平竞争的权利。

测度评估制度包括与数字经济活动相关的指标体系、政策体系、标准体系、统计体系、绩效评价体系和政绩考核体系等。目前，对于"数字经济"的衡量标准，国内外有不同的看法，甚至有很大的差异和争论。当前，技术进步给数字商品的价格统计提出了新的挑战，对跨境电商的测量容易产生偏颇，对民间贸易的评估很难实现，而对非结构性、非标准化、高度碎片化、产权分散化的非结构性、半结构性数据也很难用传统的统计方法来衡量。这就是评价体系建设中亟待解决的问题。

安全保障制度的指向性和针对性很强。在信息化背景下，数字经济的覆盖面与主体日益扩大，使得其变得更加复杂，而世界各国对其进行的数字安全管理仍然处于探索之中。强化互联网内容监管，打击虚假信息，已逐渐成为国际社会的共识，并引起了世界各国的广泛重视。信贷关系技术化存在风险，产业网络安全风险凸显，网民法律意识和权利保护意识亟待提高，"数字鸿沟"问题凸显。要解决上述问题，迫切需要对数字经济的安全进行立法和制度建设。

（三）数字经济制度体系的特征

我国的数字经济制度体系有以下几个特点：整体性，多元性，互动性，不完全性和演化性。

1. 整体性

数字经济制度是一个具有结构化、自洽、有序特征的系统。其中，任何一个环节、领域都会对整个社会产生深远的影响，可以说"牵一发而动全身"。数字经济制度并不只是一种要素的加法之和，它还呈现出一种整体和系统的特征，不仅要对制度的创建目标和基本原则进行明确，对权利和义务、权力和责任进行界定，还要对适用的主体、事项和范围进行清晰的划分，对执行的主体、程序和保障机制进行清晰的阐述。在这一制度的内容上，不仅要对案件事先作出客观、公平的判断，还要对案件发生后作出及时、有效的补救。其效率的高低，取决于其制度体系是否完备。

2. 多元性

无论是在构成主体上，还是在体现形式上，数字经济都呈现出多元化的特征。在数字经济体系的形成和运作中，政府、社会组织以及自然人都在一定程度上起到了一定的作用。数字经济所具有的包容性，决定了与之对应的多种制度形式并存，并已成为其制度运作的必然趋势。

3. 互动性

与制度相关的行动不是单独的，而是相互影响的。不同的制度之间相互制约，相互强化。在数字经济的制度体系中，制度自身是从数字经济主体之间的交互中生成的，尤其是各主体之间的良性沟通和合作交流，这有利于提供更多高质量的、可以满足数字经济发展需求的制度产品。

激励制度和约束制度是相互联系的。这两种类型的系统不是完全对立的，激励制度必须得到约束制度的肯定和支撑。在数字经济制度系统中，二者相互依赖、相互作用，共同减少了交互过程中的不确定因素，对平衡与稳定性产生了共同的影响。

4. 不完全性

在合同签署之前，人们无法准确预测合同中可能出现的一切情况，从而导致合同的不完全。在合同中，若没有明确规定有关状态之间的权责关系，则会造成效益的降低。为了克服合同不完全性带来的效益损失，哈特（Hart）和摩尔（Mole）提出了有形资产所有权的概念。然而，马斯金

（Maskin）和梯若尔（Tirole）认为，在寻求资源配置的同时，通过制度的设计，可以有效地克服合同的不完全性，以弥补企业的效率损失。

5. 演化性

在数字经济中，制度的碎片化与多样性和制度的统一性与系统性之间的冲突，需要制度的演化与变革来解决。

数字经济体系的演化既与人们的行为规律相关，又与人们普遍认可的信仰和价值观念相关，因而其演变过程较为复杂。以普遍达尔文理论为指导的制度进化理论，研究技术创新与制度进化之间的共存关系。当制度演进所期望的利益与代价之间的反差变化时，将会形成一种内在的驱动力，从而打破现存的制度平衡。然而，制度演变并非一夜之间发生的瞬间改变，它具有较强的预见性和适应能力，是一种从一个均衡到另一个均衡的逐步互动和演化的过程。当原本共同遵守的经济制度发生了失衡，相应的行为规则不能跟数字经济生产力的发展相匹配时，数字经济参与主体很难在短期内达成一致，只能在无规则的情况下相互学习，直到形成新的共识。同时，在数字经济体制演进的过程中，信息技术与体制协同演进过程共同影响着体制演进的路径。例如，信息技术推动了数字经济的繁荣发展，这不但使一个国家的税制改革加速，而且对今后国际税法的发展趋势也产生了深刻的影响。在此背景下，我国的税制体系需要重新构建，同时也需要重新构建社会信用体系。

（四）数字经济制度体系的目标

目标作为指导、规范，其自身也有一定的动力与约束功能。每一种制度的建立都是其目的的反映。在维持制度供给和制度需求均衡的基础上，数字经济制度体系还可以在降低不确定性、节约经济运行交易费用、抑制机会主义倾向等方面，在推动分工和协作、竞争和合作等环节，起到重要的基础和保障作用。在不能对机会主义和未预知行为进行有效预防的情况下，一个高品质的数字经济体制就不存在。

1. 推动市场机制供需平衡

数字经济的制度体系的运作，不仅依赖于它自身的科学性和合理性，还依赖于它的供需关系，也就是它的供需是否达到了平衡。在此基础上，提出了一种新的、更好的、更合理的、更有针对性的、更高效的制度设计。如果不能有效地提供，不仅会浪费制度资源，而且会损害制度的权威。从长远来看，体制失衡是不可避免的。就总体而言，在从均衡到非均衡，再到均衡的演化过程中，虽然存在着长短之分，但在短期内，对数字经济制度的均衡和稳定的追求，一直都是制度体系运行的永恒目标。

在新的生产模式、产业结构、市场运行方式下，原有的制度动态平衡将被打破，新的制度动态平衡往往会出现不均衡现象。比如，在数字经济的大背景下，原先以全日制就业形式运作和执行的社会保障、薪酬人事等体系，将会出现由均衡走向非均衡的变化。在"零工经济"下，自由工人的权利保护不够充分，工人的议价力不够强，需要建立一套适合于工人流动、雇佣模式多元化的就业服务与雇佣管理体系。随着自动化技术和人工智能技术的进步，人类被机器取代，就业问题也随之出现。高技术公司带来的收入分配不均和全球贫富差距的增加，而技术创新将会使得这种现象更加严重。少数几家大技术公司的利润不断提高，同时将大批的低技术工人从现代制造业中剔除出去，由于前者公司所占的比重不断提高，整个社会的平均工资水平停止上升，使劳动收入在 GDP 中所占的比重下降。像苹果、微软、亚马逊这样的大公司，虽然他们的雇员工资都很高，但是他们的人数却比那些传统商业公司要少得多。为了应对技术进步带来的不利因素，世界各地都在积极推进再就业体制改革，努力构建更具弹性、更优质的再就业体制。就业领域的案例表明，制度均衡与制度创新交替出现，成为制度变迁的常态化过程。

但数字经济作为一种自维持与强化系统且存在正向反馈机制，一旦建立，将难以被更好的系统所取代，而是遵循一定的路径不断演化，并最终走向多元均衡。利用大数据和平台，供需双方能够绕过传统的中介，直接进行点对点的交流，降低了交易成本，实现了快速配对，缩短了周转时间，加快了资金流动，提高了信息公开，提高了资源的配置效率，提高了社会的整体运营效率。近年来，在"互联网+"的推动下，传统服务业得到了快速发展，诸如外卖小哥、网络红娘、内容创作者、个性化设计师、网约车司机、网络健身教练等，都得到了很好的发展。尽管存在着就业方面的压力和问题，但是以平台经济为基础的快递、送餐员、家政保洁、司机等行业的行业集中度已经提高，并且还带来了新的工作岗位。然而，与传统市场相比，平台型公司的垄断具有更强的持续性和稳定性。平台公司可以将供需两个方面进行有效融合，从而产生了极大的市场优势和影响，并且还可以发挥出"准公用"的作用。平台公司不仅占有巨大的市场份额，还掌握着数以亿计的高黏性用户，因此，它既是公司的组织者，也是公司的参与者，在某种程度上，把市场这个"无形的手"变成了公司维持利润的"有形之手"。大量中小企业被动地被平台所接纳，使得寻找、迁移、学习和转换等成本增大，从而挤压了它们的成长空间。而对于那些能够将这些数据提取出来，并加以控制和分析的平台公司而言，这些数据的数量越多，就意味着它们的力量越大。它们可以通过这种"野蛮"的手段，"跑马圈地"的方式，来获取更多的数据。平台企业通过技术创新成为一个行业的领导者，然后不断地利用"平台+数据+算法"来垄断用户的需求，并利用用户流量优势、算法优势、数据优势和资本优势，在新的领域建立垄断优势。由于产权制度不清和利益分配不合理，平台企业在规避数据垄断风险的同时，却容易形成"垄断"的局面。在拥有了数据资源后，若不愿意与他人共享，则会为拒绝分享而设定过高的壁垒或隐性门槛，增加数据要素的获取成本，限制以数据深度挖掘为基础的持续性创新，进而对数字经济的正常竞争秩序产生实质性的影响。以上种种不公平竞争现象，对公平竞争制度，如反垄断法规，都是一种挑战。

2. 节约制度运行过程的交易费用

随着数字经济市场的不断扩张，其交易成本也将随之上升，传统的经济模式需要构建更为理性的新型体系，才能减少交易成本，提高数字经济主体的参与热情。

在数字经济体制运作过程中，由于不确定性、机会主义以及财产的特殊性，导致了交易成本的产生。无论是以激励为主的数字经济制度，还是以约束为主的数字经济制度，其建立、运行与演变都必须考虑到交易成本。在特定的国家治理情景下，数字经济系统的运行逻辑是怎样以最小的交易费用实现预期的制度效率。当期望的利益超过期望的费用时，一个新的制度安排就会被建立并被固化。在数字经济环境下，有效的制度安排对于降低交易费用、减少不确定性和抑制机会主义有着非常重要的作用。在数字经济中，技术、信息、要素等的相对价格变动是一种制度变迁的驱动因素。比如，近年来，公平竞争体系的转换成本或者说交易成本已经下降了。技术创新改变了企业的生产和消费功能，呈现出网络外部性、自然垄断性和高渗透性特征，对传统反垄断法的适用范围提出了新的挑战。然而，在对企业结构、供需结构、价格结构、市场占有率等数据进行收集、整合、分类、加工和处理的过程中，可以对企业结构、供需结构、价格结构、市场占有率等进行分析，并对竞争和垄断机制进行判断，从而可以增强企业的协同和协调性，降低企业的竞争制度的改变，提升企业的内部动力。近年来，在互联网领域，我国的反垄断改革不断加快，数据采集和使用管理、平台企业垄断认定等制度不断完善，规范了线上经济，对平台经济长期健康发展具有重要意义。

3. 提高企业生产要素的使用效率

数字经济制度体系的运行目标是促进供需对接，优化资源配置，在一定程度上抑制和解决生产过剩问题，整合零散的资源，从而有效缓解市场失灵。互联网和物联网在大数据、区块链等技术的支持下，把生产者和消费者联系在一起，通过网络组织，数据和信息的传递和共享，突破了资源获取的时空限制，在一定程度上，能够实现供需双方的实时双向反馈，降低了交易双方的搜索、议价和监督等费用，尤其是节约了消费者的选择费用和交通费用。

在技术不变的前提下，进行系统创新，能够有效降低不确定性、降低复杂性、解决矛盾，从而提升劳动生产率，推动数字经济的发展。在数字经济的制度体系保障下，生产与消费之间的开放、共享的协作模式，是提升数字经济生产效率的重要来源。生产模式和消费模式具有一致性，这种一致性更能体现其"数字化"特性。利用各种算法，将购物列表、浏览记录、移动轨迹等资料，重新组合成一个数字"消费者"。消费者因其隐蔽性、变化性、复杂性等特点，在其所购买的产品或服务中，往往呈现出一定的稳定性与周期性，同时也具有一定的行为惯性与经济理性。以消费者的心理结构、思维认知、行为模式等在数字经济背景下的变化规律为基础，对消费者的心理结构、思维认知、行为模式等进行分析和呈现，为生产者对市场需求进行全面的分析和预测提供了基础。这就意味着，在供给方面，必须作出相应的调整。企业生产什么、生产多少、怎么生产、新产品能否推出，越来越多地依赖于对消费者需求的精确分析，而传统的以经验为主的方法难以快速捕捉和响应消费者的个性化和多样化需求。在互联网环境中，企业和消费者之间存在着一种基于互联网的关联优势，这种关联优势有助于企业进行市场实验，加快市场反馈，降低创新的试错成本，提高产品和服务质量。比如，制造企业可以通过数字化、开放式的研发设计平台，及时、低成本地获得用户的需求信息，并持续地参考用户的体验评估和优化意见，进而快速、准确地优化产品的细节。这种快速迭代的研发模式，若能将用户的需求信息和用户的变化实时、动态地反馈至研发端，将有效地推动产业链与创新链的紧密结合，增加了生产过程的柔性和产品的异质性，降低了产品和服务的市场风险，并优化了供给侧的结构，提升了资源的配置效率。

4. 加大数据产权保护力度

产权明晰与否，对产权的保护起着决定性的作用。在某种意义上，产权配置可以弥补因合同不完备而导致的效率损失。财产权具有动态性和相对性。传统的财产权是以排他性、可分割性、可转让性、可交易性为特征的。但是，数据生产因素的性质决定了它们的所有权形态具有某些独特性。财产权被用来确定人们在数字经济中的得失。正确、合理的产权制度是实现数据资源最优配置、最高效使用的基本保证。

二、构建数字经济制度体系的对策

要想继续优化发展数字经济的制度环境，就必须要让制度系统既有激励作用，也有约束作用。目前，我国在构建数字经济体制方面还存在着许多不足之处。在完善产权制度、规划制度、创新制度和开放制度时，应充分发挥税收征管、公平竞争、测度考核和安全保障等制度的约束作用，构建一个激励与约束相融的数字经济规则体系，构建一个开放、健康、安全的数字经济生态。

（一）推进数字经济的体制机制建设，使充分发挥其激励作用

对数字经济参与主体的激励需要进行回应，适当地将数字经济制度激励能够起到的效果的范围进行扩展，在产权制度、规划制度、创新制度和开放制度等方面，对具体而多样的制度措施进行增加和完善。

1. 强化财产权体系在数字经济中的基础地位

建立健全知识产权制度对于促进我国数字经济的良性发展具有重要意义。价格机制是否合理，价格调控是否有效，主要依赖于产权和市场的合理

与否。

（1）强化产权的激励作用

加快数据资源产权、交易流通等基本体系的建设，以及数据资源的标准化建设。对数据开发利用、隐私保护、公众安全三个方面进行综合考虑，探讨网络空间、无线电频谱、卫星频轨等非传统资源资产的产权问题，并对其权利进行界定。培育一个标准的数据交易平台，以及一个标准的数据交易市场，建立和健全数据要素市场的规则，建立数据资产评估、登记结算、交易撮合、争议仲裁等市场运营体系，并在此基础上，有序推进数据开放、数据确权与交易。加强对合法私有产权的司法保护，完善政府的信守承诺机制，并对各种所有制的数字经济产权进行公平对待和同等保护。

（2）保持数字经济科研成果转化的强大动力机制

保持促进数字经济科研成果转化的强大动力机制。加强科技成果转移转化中介机构建设，集成各类科教资源，发挥其对经济社会发展关键领域的支撑作用。加快引导科技成果转移转化机构向功能社会化、运行规范化、服务专业化发展，培育一批在成果筛选、市场评估、融资服务、成果推介等方面具有示范带动作用的转移转化机构；面向高校、科研机构和企业培养复合型技术转移人才，将科技成果转移转化领军人才纳入创新创业人才引进培养计划。强化技术资源在数字经济系统建设中的支撑作用，创新科技成果转移转化评价机制。

（3）瞄准数字经济发展需求变革知识产权制度

加速对数字经济法律法规进行修订和完善，提高对知识产权保护的法律制度的效力，为促进我国数字经济的快速发展，创造有利的体制条件。完善开源的知识产权和法律体系，通过合法、规范的方式，加强开源软件的著作权等知识产权，加强对企业商业秘密的保护，并鼓励企业公开软件源代码、硬件设计和应用服务。加强对软件版权等知识产权的保护与管理，对数字内容版权保护的程序以及对网络供应商的最初通知和报告义务等作出了规定。

2. 提升数字经济规划制度的法治化科学化水平

坚持以经济高质量发展为指导，积极掌握新的科学技术发展策略。按照《新一代人工智能发展规划》的要求，持续巩固人工智能的领先地位，以数字经济为技术创新、产业变革、经济发展的重要支撑，以国家的数字化转型为重点，开展未来的数字经济发展战略研究，以跨境数据流动、知识产权保护、税收制度、信用制度等为重点，建立跨境数据流通、跨境税收制度和信用制度建设等相关制度，明确数字经济发展的时间表、路线图和任务书，有效应对全球围绕数字经济治理规则博弈加剧的严峻形势，为全球数字经济规则的创新贡献中国智慧和方法。

（1）突出规划制度构建的重点领域

借鉴欧美和日本在推动数字经济体制规划方面的成功经验，充分发挥我国的后发优势，强化规划与财政、货币、产业、区域和社会政策之间的相互配合。利用手机、网际网络等资讯科技，搭建资源网络，将现有的工业园区与经济园区进行整合，加速科技创新核心区域的建设；在减税降费方面，将研发费用加计扣除、研发设备加速折旧、高新技术企业认定、政府采购等方面的优惠政策进行落实，对专利盒制度进行持续改进，并在技术转移方面增加税收优惠；扩大资金支持的渠道，健全风险投资体系，充分利用政府投资基金的导向作用，充分发挥"科创"板块的作用，吸引资金进入"数字经济"的前沿、基础性产业；持续优化营商环境，发挥金融科技服务能力较强的市场化征信公司的平台作用，将区域中小企业信用评价体系纳入征信体系，利用大数据解决中小微企业融资难题。

（2）促进数字经济规划有序衔接过渡

加强数字经济发展规划的设计能力，充分发挥政府在数字经济各专业规划领域的引导作用。围绕落实《国民经济和社会发展第十四个五年规划和

2035 年远景目标纲要》，统筹修订《国家新型城镇化规划（2014—2020年）》《关于促进智慧城市健康发展的指导意见》《关于积极推进"互联网+"行动的指导意见》《关于运用大数据加强对市场主体服务和监管的若干意见》《关于深入实施"互联网+流通"行动计划的意见》《关于促进和规范健康医疗大数据应用发展的指导意见》《关于深化"互联网+先进制造业"发展工业互联网的指导意见》《关于发展数字经济稳定并扩大就业的指导意见》《关于推进"上云用数赋智"行动培育新经济发展实施方案》《北京市促进数字经济创新发展行动纲要（2020—2022 年）》《数字乡村发展战略纲要》等，实现数字经济规划制度体系的及时更新和均衡发展，以驾驭数字经济实践中的挑战和不确定性。

（3）将数字经济的发展计划体系法治化

以法律、法规等形式，对数字经济规划的前期研究、衔接协调、颁布实施和评估调整等程序性规定和经验规则进行了详细的阐述。对数字经济规划编制的上位法、编制主体、审批主体和实施时限进行了规定，从而降低了各个地区、各个领域数字经济规划工作的随意程度，推动了规划编制过程的科学化、合理化。

3. 加强对数字经济体制改革的促进作用

在这个过程中，我们要尽力将自己的技术掌握在自己的手中，用互联网的思想来重组自己的产品，推动它们的相互影响，从而达到人才、技术和数据等创新要素之间的良性竞争，最终建立起紧密的合作和分工制度，最终构建出一个集群、协同、高端的区域自主创新体系。

（1）加强新基建的构建与深度运用

要将数据在创新技术技能、提高生产效率等领域中的重要价值充分利用起来，构建起适合于将大数据与虚拟现实技术、新一代人工智能等融合起来的体制机制。在 5G 信息通信技术领域，要加大 5G 信息通信技术在世界各地的协作力度，推动新一代信息通信技术与实体经济的融合，加快 6G 技术的研究，利用区块链技术，不断降低交易费用。在关键领域，打造一批世界级的工业互联网平台和推动数字化转型的核心，强化数字技术在研发设计、生产制造、运营管理、市场服务等领域的运用。在此基础上，进一步扩大粤港澳大湾区"大数据中心"的规模，推进国家"大数据"综合服务体系的构建，并加速推进"大中城市群"和"智慧城市群"的战略部署，充分利用现有的、社会的、公共的数据中心。要实现不同产业之间的数据互联，要把分布在不同企业和部门的数据链接起来，要把机器人和人工智能连接起来。在此基础上，进一步加强上海自贸区等的体制机制建设，构建面向世界、开放共享的国际数据口岸，促进我国数据的跨境安全、有序流通，并在国家间的数字经济交流与合作中起到示范引领的作用。

要积极发展人工智能、大数据、区块链、云计算等新技术。加快建设世界人工智能中心的步伐，构建出一套具有国际领先水平的新的人工智能基础结构，并在深度学习、神经网络、语音互动、图像识别、生物识别、机器视觉、无人驾驶等领域，持续维持竞争优势。推动过程和系统的重构，丰富数字工厂、数字生活等数字化场景。在此基础上，构建创新主体间的分享和信任网络，并发展例如数字技术开源社区等创新联盟，以构建一个良好的创新共享生态和逻辑。在智能交通、智慧物流、智慧能源、智慧医疗等关键领域，紧密结合科研院所、居民、企业、高校等，促进产城相结合，实现供需对接。将物联网感知设施、通信系统等与公共基础设施相融合，逐步推动新型智慧城市。

推进大数据的应用和技术创新。培育信息技术产业链、产业基地等新的模式和业态，推动信息产品消费和新型基础设施建设的协同发展。在以上研究的基础上，通过构建"城市数据大脑"，整合多种不同类型的数据，实现对食品安全、社会保障、社会治安和交通出行等领域的有效利用。在此基础上，进一步完善大数据支撑下的科学决策和社会管理体系。培养利用大数据进行预测、决策、创新，重视数据，用数据来说话，用数据来解决问题的文化氛围。

对大数据征信、评估、融资等新业态进行培育，并在大数据交易所和衍生产品交易所等方面进行试点，加速建设具有世界影响的大数据交易所，建设具有世界领先水平的大数据综合交易服务平台。优化现有基础设施、数据资源，加快建设国家级的大数据中心、灾备中心。

（2）持续推动核心前沿技术研发

目前，限制我国数字经济发展的最大问题是核心技术、原创性技术和突破性技术受制于人。要对自主创新的内涵与外延有一个准确的认识，倡导"站在别人的肩膀上来创造"，减少自我封闭和重复的自我创造。我们要始终保持"关键突破"、"支持发展"和"引导"的原则，加强"国家创新系统"，加强对算法的支持，加强对软件和硬件的配套能力。加强基础研究与应用研究，促进基础与应用研究的原创性与创新性，在算法与装备材料等方面实现重大技术突破与迭代应用。面对技术差距，要有理性自强的心理和能力，强化核心高技术领域技术的基础研发，强化芯片制造、封装测试、装备制造等环节的产业布局。在此基础上，进一步完善云计算的产业发展战略，加速推进三大计算单位（数据处理、数据存储、数据交互）的创新性融合，推动人工智能领域算法、芯片等垂直整合，加速计算芯片、激光雷达等与高精度地图、核心算法等的深度整合，以最大限度地释放"数字孪生"带来的技术红利。通过本项目的研究，力争在通用处理器和云计算等核心技术方面取得突破性进展。从更大的层面上，整合科研资源，集中攻坚，推动高性能计算、移动通信、量子通信、神经芯片、DNA 存储、操作系统、人工智能关键算法、传感器等的研发与应用，重点攻克工业技术软件化、工业控制系统、虚拟仿真、智能数控系统等技术难点。

（3）建立以企业为主体，产学研相结合的自主知识产权技术体系

深化科学技术行政体制改革。完善科学道德的管理体系，创建一个鼓励创新、宽容失败的创新的制度文化。

促进企业家与企业家之间相互依赖与协同共生。在上述研究的基础上，建立"风险共担，收益共享"的制度框架，健全技术转让与成果转化的利益配置机制，促进技术、资本、人才、管理等多个领域的技术与产业的高效整合。要积极运用"大众创业，万众创新"的重要方针，促进不同类型的金融机构和不同的金融机构之间的有效联系，使其多样化发展。要打破一切阻碍科学技术创新的体制性壁垒，消除阻碍科学技术发展的官僚主义。修订并废除了一些有悖于鼓励创新的旧式做法，对科技成果转化为实际生产力的不力、不顺、不畅的顽疾展开攻关，同时要将创新主体的功能定位不明确、科研力量分散、资源配置重复等问题加以解决，让创新要素的流通变得更加顺畅。提升通信设备、电子零部件、关键软件等行业的技术，并鼓励企业开放搜索、电商、社交等数据，发展第三方大数据服务行业。

（4）以发展人才为重点，促进科技创新

要发挥科技工作者和企业家的作用。要以企业家精神为指导，为企业家提供更多的机会，让企业家精神作为一种经济增长的动力源泉，促进数据资源要素从产出较少的地方流向较多的地方。

要对创造性的人才进行培育、引入和利用等方面的改革。注重对前沿科技人才和青年科技人才的培养，努力建设一批具有国际水准的工程师、科学家、科技领军人才和高水平的创新团队。发扬"精益求精"的匠人精神，鼓励广大技工提高自己的技术水平。加大对高科技人员的奖励力度，促进其自由有序流动。健全人才评价指挥棒作用，赋予科研人员成果所有权，为科技人才发挥自我价值创造良好的条件，为数字经济人才发挥作用、施展才华提供更广泛的平台。

我们将加速建立一套能与世界接轨的人才体系。以高、精、尖、缺为导向，将开放学习、引进和利用人才作为自主创新的核心，采取多种措施，对有潜质的科学家和人才进行挖掘。构建并健全海内外杰出青年的资料库，构建海内外杰出青年的联络网络。我们将以超常规、务实、灵活的政策，以超常规、务实、弹性的方式，吸引全球最杰出的数字经济专业技术人才赴中国工作和创业，并为其在中国开展工作的"绿色通道"，给予其在国内发展的待遇、职业转换、户口、房车、子女入学等方面的优惠。我国要在人才素质、思想观念和国际竞争力上与国际接轨，就需要积极地整合和利用国际上的创新资源。

（5）在数字经济背景下，加速推进教学体制的变革

借鉴日本、美国、加拿大等国经验，完善儿童教育、基础教育、高等教育、职业技术教育、继续教育统筹协调发展机制，培育出既懂信息技术又懂各领域知识的复合型人才，从根本上提高劳动者相对于机器的比较优势，增强应对"机器换人"挑战的能力。在中小学的通识教学中，应加大对与信息技术相关的学科的普及力度，加大对网络化、数字化基础知识的培养，培养学生的数据思考和数据分析的能力，为我国数字经济的跨越发展培养出充足的人才。

着重于对诸如数据工程师之类的专门技术人员和对各领域都有涉猎的综合技术人员进行培训。通过重点研发、产业化工程，加强在数字经济中进行关键技术研发的人才储备。构建起一套能够为全民终身学习服务的教育制度，把数字经济的前沿技术和教室里的知识教学有机地融合起来，大力发展网上教育，通过网络来弥补农村教育方面的不足，为农村的发展提出新的思路，促进教育的均衡发展。支持企业等社会力量进行数字经济的技能培训和职业教育，使劳动力的质量和结构与数字经济的发展相匹配。

（二）围绕数字经济的发展，充分发挥其对体制的促进作用

在充分发挥数字经济制度的激励作用的同时，要将税务征管制度、公平竞争制度、测度考核制度和安全保障制度等对数字经济约束制度的规范和引导作用充分地发挥出来。

1. 对与数字经济有关的税务征收与管理体系的改进

电子数据和电子服务是全球各国争夺的重要税源。最优的数字税务体系，在于健全"常驻"原则与收益分配原则，前者用于捕捉代表"数字存在"的常驻单位，而后者用于依据使用者为企业所创造的价值，将收益合理地分成给常驻单位。在数字经济中，税务政策要具有确定性和可预测性，要有促进数字经济和国家经济发展的能力。应当向已实行数字税的国家学习和借鉴，将线上和线下、效率和公平相统一，积极推进与数字经济相关的税收顶层设计，为数字经济的纳税创造一个公平公正的环境。

（1）及时修订部分国内法律法规

在数字经济的环境下，要对新的商业模式的特点展开更深层次的研究，对所得税收管辖权进行合理的分配，修改转让定价规则和税收协定条款，确定用户所提供数据、信息的价值，并对其进行合理的归属。平等对待传统和数字经济，建立和运用"虚拟常设机构""数字化常设机构"等新的概念和判断规则，探索以数据存在的原则为依据来决定所得税的征税权，实现对价值创造的贡献与所得的归属地合理匹配，让实际的受益人负担相关的税负，并兼顾合规成本与征管成本的关系，尽量减少免除与漏洞的效力，促进数字经济的良性发展。适时修改有关法规，以确定其适用范围，进而对企业所得税优惠、研发费用加计扣除以及固定资产加速折旧等方面的有关政策进行优化，从而促进我国有关行业的发展。加强对避税的防范，探索行业避税的规律，修改常设机构的定义，确保其不会因人为的安排而被规避，以减少"双重不纳税"的风险，使我国税法与国际税法实现良性互动。

（2）规范反避税工作机制

动态监控和评估数字经济对税收制度的影响。数字经济对商业模式创新尤其是跨国企业全球价值链的整合，具有重要影响。应分析数字经济框架下传统的常设机构概念存在的问题，评估无形资产的重要性、数据的使用和全球价值链的扩展对转让定价的影响，在税收协定中确立"虚拟常设机构"规则，强化受控外国公司税收规则，解决企业跨境交易过程中通过税务筹划规避增值税纳税义务问题。

推动我国打击逃税工作从"事后"向"事前"转变。要健全跨国公司利润水平监督体系，要克服历史惯性和制度惰性，通过信息化建设防范跨国公司侵蚀税基、转移利润，并获取交易、物流、支付等全样本全流程的涉税交易数据。利用大数据技术，对企业间的关联交易行为进行深入研究，发现企业间的利益转移，侵蚀国家税收根基。利用区块链技术，可以确保企业与税收相关数据的唯一性和不可篡改性，以减少公司通过增加支出、调整成本侵蚀税基的可能性。

（3）开展税务管理方面的国际协作

我们将进一步加大税收情报和税收征收管理方面的力度，为减免税做出积极的贡献。加强对跨国数字公司的反逃税工作，防范其海外亏损的转移，遏制其不合理的减税和分布。我们将积极参与相关指导方针的制定，推动财务账目中税收信息的自动交换，主动应对跨境偷税。

我们会在全球范围内积极参与制订数字税收和数字科技等方面的相关规定。以此为依据，可以参考"最小有效税率"方案的基本思路，来对跨国企业的转移行为进行约束，确保转让定价与企业的价值创造保持一致，进而减少国家的税负竞争压力。增加税务注册率，防范通过隐性股权转让实现收益的"隐性股权"转移；探索在缺乏对比性股权的条件下，运用估值技术对其进行公允性评价；防范跨国股权投资通过"规避"的行为，防范其通过"规避运营风险"进行"规避"。增强纳税人与税务机关之间，以及在不同国家税务机关之间的信息透明度，并对跨国公司利用利息扣除和其他财政支出来逃避在我国纳税义务的行为进行有效的抵销或中和。

2. 促进数字经济相关的公平竞争制度完备有效

在数字经济中，一个良好的竞争环境是其创新和发展的动力之源。在数字经济中，竞争政策和反垄断执法是防止平台公司不当竞争和弥补市场失灵的关键。要在反垄断的分析手段和执法理念上进行创新，推进包容审慎的适度监管，开放透明的协作监管和灵活有序的高效监管。

（1）提高现行反垄断机制的可操作性

秉持包容性和稳健性的原则。要坚持严格、审慎和适当的原则，正确地处理好对垄断进行规制与激励创新之间的关系，并将经济效率、技术创新和国家利益等方面的因素结合起来，从而推动创新生态的持续发展。区别化、动态化和多目标地监管市场主体的类型、商业模式、产品和服务，分类对待、精准施策，着重关注那些可能造成巨大危害的行为，在对新型的排除或限制竞争行为进行制约的时候，也要保护好公司的创新的积极性，以增强反垄断法的威慑力和有效性。加大政务信息公开力度，鼓励企业、社会和自然人深度参与政务信息资源的开发和利用。完善对商业数据、公共数据和个人数据进行分类保护的法律制度，推动数据的流通与共享，构建以竞争法直接保护为主的法律制度，以更好地保障消费者的权益，提升整体社会的福利水平。

基于以上研究，本节采用"假设垄断者"的测试手段，通过对电商企业的经营模式、竞争模式和利益分配等要素的分析，评估电商企业的跨界网络影响，确定电商企业的跨界网络影响。重点分析了用户的议价能力、用户的多样性以及在供给与需求之间存在的竞争关系。通过对产业创新性、产业环境和市场结构的分析，着重研究了数据、流量、算法等数字经济中的核心竞争要素对产业发展的影响，并将网络流量和用户数量、数据处理规模能力、用户转换成本、市场力量持续时间等作为市场支配地位的考量，并比较了平台企业所采用的算法与购物服务流量的变化。增加经济分析的比例，综合评估经营者的主观垄断行为及其对市场造成的损害，降低误判和误判的可能性。基于上述理论，本节将从数据和数据之间的关联性出发，从数据的聚集效应和数据的传递机理出发，从数据收集和处理、数据驱动的并购等方面，分析企业如何利用数据驱动的并购行为，分析企业如何利用不合理的服务条款迫使企业的用户同意不公平的协议条款，以及如何在企业的创新和消费者的权利保障之间找到一个平衡点。

（2）建立适合于数字经济发展的市场环境下的市场竞争制度

要健全与"共享经济""平台经济""新个人经济"等相关的法律法规。在经济政策体系中，把竞争政策放在基本位置，清理不合理的行政许可、资质资格事项，加强对新制定的政策法规的公平竞争审查。要打破垄断和地方保护，要清理对竞争有排斥和限制的政策措施，减少市场的分割，为共享经济、平台经济和新个体经济创造平等的竞争空间。

（3）对法律实施进行系统性调查与预见性分析

在数字经济的范围内，对垄断地位的认定、动态效率的认定等重要的前沿问题展开了深度的专项研究，并加快了对法律法规体系的完善，确定了反垄断法的适用边界和适用标准。

3. 建立与数字经济相关联的安全保障体系

我们要坚持包容审慎、鼓励创新的原则，处理好数字经济的发展与安全、数据的竞争与商业、数据的开放共享与消费者的隐私保护等方面的关系。加强对涉及国家利益、商业秘密、个人隐私的数据的保护，构建一种权责明确、激励相容的协作治理方式，运用大数据和人工智能等技术，提高对数字经济的管理水平，特别是对形势感知、科学决策和风险预警的能力，加强对重要领域数据资源、重要网络和信息系统的安全，加强对政务数据、企业商业秘密和个人数据的保护，推动形成一个多边、民主、透明的全球网络治理体系。

（1）推进我国在数字经济领域的法律体系建设

要确保网络的安全性，首先要保证数据的安全性。健全我国网络安全法律法规体系。加强对国家利益、商业秘密、个人隐私等领域的数据安全保护，推动《个人信息保护法》等基本法的制定，健全"个人数据使用服务提供者""个人数据空间服务提供者"等新兴的数据中间商的监督管理体系。加强对信息的保密和安全检查，对外企公开其所使用的软件的源码、运算法则，以及对《数据安全法》的贯彻落实提出了更高的要求。本节以"互联网安全"为研究对象，以互联网安全为核心，构建互联网安全态势感知、预警、应急响应与保障为主线，以"云安""网畅""端通"为目标，开展互联网安全研究与应用创新，以实现互联网安全的"云安"与"网畅"。

对不同的信息平台可能存在的风险做了相应的分析和预报。加强对数据的安全性评估，正确把握数据的开放与隐私保护的平衡，完善对数据的全程管控和分层防护，推动数据的跨国界、安全的、有序的、高效的流通。建立数字经济运行的市场风险监控与预警系统，实时更新监管标准与指标，及时识别出可能存在的开源软件被侵犯等问题，增强监管的专业性、穿透性与一致性。建立健全突发事件应对的常态性和科学性，加强对突发事件的管控。通过构建新型的网络安全防护系统，实现对关键信息基础设施的分级防护，提升其对网络攻击的反应能力。

加强网络犯罪活动监管。构建并完善多部门协作的长期机制，共同打击侵害公民个人信息的违法犯罪活动。对非法收集、贩卖公民个人信息的现象展开清理，对侵害公民个人信息的违法犯罪活动展开治理，对涉及电信、金融、物流等重点行业的信息系统及安全监管漏洞进行及时发现并通报，对知识产权和个人隐私予以保护，促进对个人信息的合理使用。推动建立网络安全防护国际合作机制，在网络安全防护、网络安全事故处置及网络犯罪等领域，形成一个国际性的协调与合作机制。

（2）强化企业的安全保障监督管理制度

不断地适应数字经济新技术、新模式的动态演化和变化，对其实施宽容审慎监管，扩大监管领域，创新监管手段，探索构建智能配送、在线医疗、无人驾驶、金融科技等监管框架，避免过度监管、重复监管，防止政府过度干预。建立一种将事前、事中、事后全监管环节有机结合的新型监管机制，强调综合性、精准性、有效性，充分发挥政府、平台、行业协会、消费者等多元主体在监管中的作用，形成市场主体自治、行业自律、社会监督、政府监管的多元共治格局，推动企业的自我管理和监督。强化对市场监管、质量监管、安全监管，并对反垄断审查、外资安全审查、不可靠的企业清单、国家技术安全清单等制度进行完善。要进一步规范监察机关的设立，推进监察体制的变革与工作程序的重组，进一步明确监察职责，健全监察机关的组织架构。

（3）推动数字经济成果的分享，扩大其应用范围

制定和完善与数据分享的责任清单，从各个角度缩小"数字鸿沟"。向人人平等地开放互联网。在多个层面上推进资料共享，例如标准与工具。加快"数字政府"的建设进程，要求有关部门明晰哪些数据应当面向公众，并构建信息发布的优先获得和有序发布的制度，促进气象、交通等公众数据的有效流转，以数据的开放为导向，充分发挥"数字红利"。建立健全国家图书馆公共信息资源体系。健全政府公共服务体系，制定政府公共服务体系，实现国家公共服务体系中的人口、地理空间等基础信息的有效共享。在保证安全和有序的前提下，加强对公众基本信息的公开，把这些重要的公共

信息资源整合到公众的服务体系中去。在此基础上，进一步推动政府部门对公共数据的委托管理，并推动第三方对公共数据的深度利用。

通过互联网数字经济技术改善低收入人群以及老年人的生活状况，以提升他们在数字经济中的幸福感和获得感。克服行政、市场等方面的垄断，避免居民收入不平等现象进一步扩大。为新入职、下岗职工搭建网上培训平台，为他们提供网上职业技能训练；为在职劳动者提供诸如慕课（MOOC）等更加灵活的在线模块化网络课程，以此来提升国民的数字技能，培养具有数字技能和工匠精神的数字工匠，拓宽数据、知识、技术和管理等要素参与分布的渠道，缓解因为数字技术进步而导致的结构性就业矛盾。大力发展在线教室、互联网医院、智慧图书馆等，推动远程医学等数字应用的发展，并将高层次的公共服务机构与基层、边远和欠发达地区相结合。要充分利用社保这一"稳定"工具，加强对"零售"和"数字"行业从业人员的安全保障。

（4）健全相应的道德监督体系

要健全科学道德的管理制度。重视技术道德伦理，从社会公共利益出发，倡导正确的技术价值观和数据伦理，重视信息技术开发和应用的文化和伦理价值，将伦理基础融入区块链应用程序中。构建一系列适合于 AI 的道德标准体系，并向 AI 制定相应的道德标准（例如：安全、人格尊严、个人选择自由、数据自主等道德标准），以保障人类在"数字化"的环境下的尊严与体面。

三、技术创新与制度创新协同促进数字经济发展

对数字经济领域而言，既要关注技术，也要关注制度。技术和制度是密切相关的，二者既相互促进又相互制约。技术创新引发制度创新，同时也需要制度支持。制度创新促进了新信息技术在我国的广泛应用，而新信息技术

的应用又将为我国的发展提供良好的制度运行环境。技术创新与制度创新各自发力，对数字经济的发展起到了推动作用，它们将数字技术广泛地运用到制度体系的运作过程中，推进了数字经济制度体系的流程重构与模式优化，这是提升数字政府建设水平、构建数字经济新优势的一个重要动力。

（一）建立以数字化技术为支撑的政府政策制定体系

我们将加速建设全国公共信息服务平台。为政府部门提供更多的公用网络设施和服务，构建物理上去中心化、逻辑上去中心化、资源上去中心化、安全可信的政务大数据系统。整合社会数据资源和政务数据资源，提高国家数据共享交换平台的功能，建立政府和社会交互的大数据采集形成和共享协作机制，建设统一的国家公共数据开放平台和开发利用端口，依法有序、分级分类地开放公众数据，促进对公共数据资源的集中统一采集、存储和管理。完善了部门统计信息的分享机制，构建了一个统一的数据分享平台，全面提升了统计的效率、能力和生产力，持续提升了数据的品质和服务。

（二）健全多元治理监管体系

基于数据的思考，引入人工智能、区块链等技术，建立大数据的管理机制，并将其应用到大数据的管理中，以全局的、多层次的方式，探索从经营者、消费者到监管者三个层面的渗透管理机制。继续推动政府公共服务数据的整合与分享，推动跨部门、跨层级、跨区域的资源整合与深度开发，推动原本被规范的"孤岛"资源从单一向相互关联、相互分享的方向发展。推动基于数字技术的监管行为与数字经济之间的相互影响，从而达到共享共赢的目的。谨慎地引进预防性监管和不确定的监管，以达到制度监管和效率监管的目的。探索符合数字产品、服务、技术、模式发展趋势的规制体系，处理好科技规制与规制科技的关系，利用大数据、人工智能等技术，建立一种可以迅速反应的规制反馈机制。

（三）构建以大数据为基础的诚信信息系统

健全全方位的信用体系。建立健全信用评价体系，提升评价体系的权威、科学和公信力。此外，还应建立"守信"与"失信"的协同约束机制，推动相关的社会诚信制度建设，以提升个体失信行为的成本。建立以信用为基础的数字经济市场监管机制，实施行业准入负面清单制度，共同推动业态的健康发展。

（四）对大数据的审核模型进行优化

在此基础上，通过整合大数据、云计算、物联网、区块链、爬虫等技术，重构新的审计过程。对思维导图、图数据库、内存数据库、建筑信息模型、机器学习、人工智能等成熟的工具展开了深入的研究，并将其应用到审计工作中，促进了审计监督的广度、深度、力度等方面的发展。运用关联分析、趋势分析等多种分析手段，对不同地区、不同行业、不同领域的金融和商业资料进行对比分析。构建风险分析模式，构建一个数据分析模式的共享平台，运用关联分析、模糊匹配、趋势分析等手段，将所体现出来的在数字经济运行中的突出情况、重大风险领域和重大违法违规线索进行揭露。

第4章　数字经济协同治理

数字经济协同治理的内涵

以大数据、人工智能、云计算、物联网、5G 等为代表的新一代信息技术得到了快速发展，它给人们的社会生活带来了颠覆性的影响，推动了我国甚至全球经济的发展，数字经济时代已经来临。数字经济在给人类社会注入新活力和新动力的同时，也产生了一些新的管理问题。数字经济是继农业经济和工业经济之后出现的一种新的经济形态，而数字经济治理是国家治理在数字经济领域中的具体实践，因此它也是国家治理的一个重要组成部分。

一、数字经济与协同治理

（一）数字经济的概念

"数字经济"这个概念是美国学者唐·塔普斯科特于 1995 年提出的。互联网的快速发展与普及，催生了互联网经济。近几年来，以大数据、云计算、人工智能等为代表的新一代信息技术得到了充分的发展，并与传统行业进行了深度融合，数字经济已经成为发展的新动力。

在 G20 杭州峰会上，人们对数字经济下了一个明确的定义：数字经济是一种以数字化知识与信息为关键生产要素、以现代信息网络为重要载体、以信息通信技术的高效应用作为提高效率与优化经济结构的重要推动力的一系列经济活动。

（二）协同治理的内涵

所谓"协同"，就是指"协调"和"合作"；所谓"治"，就是指为维持社会秩序所采取的一些措施。协同治理的含义是政府与其他非营利组织在共同的社会问题上，通过相对正式的机制进行协商、互动、决策与共同行动的过程。

协同治理具有以下特点：①公共性质，即协同治理以解决公共事务为主；②多元化，是指协同治理的主体不仅包括了政府，还包括了市场、公民和社会团体；③互动性，也就是在协同治理的过程中，要实现信息共享、协调协商、双向互动、共同治理；④正规化，是指每一方的权利、义务和关系都必须以正式的方式来确定，如法律、法规和规章制度等；⑤动态化，协同治理是一个动态的过程，需要随着业务特征、业务发展趋势的变化而不断地调整、改进；⑥主动性，即在协同治理中，尽管政府已不是唯一的权威，但它仍然是协同治理的主要力量。

在数字经济时代，互联网已经成为一个不可缺少的工具，而社会治理的模式也要与时代发展的需要相适应，从单方面的管理转变为双向的互动，从线下的引导转变为线上线下的相互融合，从单纯的政府监管转变为注重社会协同治理。在数字经济的环境下，政府、市场、平台、消费者等都是治理的主体，它是一种多个利益方共同参与的非中心化的治理模式，只有在这种情况下，协同治理的理论思想才是一种与经济和时代发展相适应的治理方式。

二、数字经济治理遵循的基本原则

（一）创新的原则

数字经济的本质是一种"创新"经济，其最大的特点就是"创新"，而

"创新"则需要一个"持续的"治理理念来与之相匹配。面对数字经济所产生的新业态和新模式,必须要坚持创新的原则。

一是要推进数字经济的立法,并在此基础上进行创新。许多专家认为,随着人工智能、大数据、物联网等新技术的快速发展,并在这些新技术中进行深度应用,未来的产业模式与竞争方式将远远超出预测。传统产业的数字化转型升级、信息产业的深度融合等,都会让企业之间的竞争和垄断变得更加复杂、隐蔽、难以察觉,还会出现知识产权、新型犯罪、创新纠纷等问题。在这种情况下,我们一定要对社会治理足够重视,并对司法的改革内容和方式进行积极探讨,用相关的法律、法规来保障数字经济的健康、可持续发展。

二是在法律法规的制定上,也要有一定的包容性和审慎性。在新的经济形势下,我们更应该以宽容谨慎的态度对待政府与市场的关系。在数字经济时代,需要技术、思想、制度和法治的创新,需要在创新和规范、法律和自治之间找到一个平衡点。在数字经济时代,要有"包容审慎"的原则,对发展中的不确定性要保持中立,仔细观察,而不是刚一冒出来就将它压下去。同时,对潜在风险很大的问题要加强监督,对违法乱纪的行为要严厉打击。

(二) 统一的原则

数字经济治理体系是要构建一套完整的、统一的、对主权范围内的所有机构和个体所产生的数据进行统一的管理,并能为每一个独立的个体提供精准的公共服务能力的体系。不过,这并不是说所有的数据都是一个统一的整体,而是一种逻辑和标准上的统一。

要实现统一的过程是非常复杂的。首先,在治理体系中,每一个参与主体都有自己独特的数据标准和数据格式,要想把这些数据统一化,就必须要考虑到数据标准的兼容性,以及怎样才能将其有效转化,这需要耗费大量的人力和物力。除此之外，还要考虑现在每个拥有独立数据的用户，他们是否愿意对数据进行统一管理，政府主体等可以做到强制性的统一，但是，在治理体系中的其他主体却不能做到强制性，这就需要从国家层面上通过制定法律及市场规范等来对其进行约束。

（三）公平的原则

在我国的数字经济治理体系中，政府、市场和普通民众都是体系治理的主体，不管是刚起步的小型企业，还是刚从学校里出来的青年，他们都应该享受同等待遇。在数字经济的环境中，每个参与主体都有平等的机会，并且可以为每一种经济活动进行平等的赋能。平等的金融服务、平等的公共服务、平等的基础能力服务、平等的个性化定制服务等，在数字经济的协同治理中，必须遵守公平的原则。

在此基础上，建立一个基于公平的协同治理模型，并以此为前提，保持对科技的中立。由于数字经济的发展依赖于平台，平台对于每个参与者都具有同等的地位，因此，平台在为正常的经济活动提供便利的同时，也存在着被不法行为所利用的危险。

（四）安全的原则

在数字经济时代，网络是一个必不可少的、重要的基础，如果没有网络安全，就没有国家安全，构建国家数字治理体系要把安全作为基本原则。首先，要保证数据本身的安全，也就是保证数据在任何时候都不会被损坏、被篡改，可以完全地进行存储和获取，这主要表现在技术方面。其次，保障数据的传输安全，也就是数据传输的同时也要保障数据的完整性、可靠性和安全性，这一点体现在系统的层次上；最后是作为数字权力的安全，也就是数据在存储的过程中，不损害数据所对应的个人和组织，要保证数据的安全和高效运行，主要体现在法律制度层面。

三、数字经济协同治理的重点方面

数字经济是一种多元化、非中心化、多主体参与的新型经济形态，其核心是协同治理，而协同治理则是将参与主体由"一元"转向"多元"。传统的治理模式已经不能与数字经济时代的特点相匹配，很多新业态、新模式、新事物不断出现，与此同时，也出现了很多新的问题。通过对社会治理的主体实现多元化，才能更好地提高经济发展的效率。从当前的数字经济发展情况来看，数字经济的协同治理还面临着很多的挑战。

（一）数据

在这个数字经济的世界里，有数据的人就有话语权。在数字经济中，数据是一种非常重要的资源，它每时每刻都在产生着海量的数据，而在新的时代，数据是一切的基石，不管是智慧城市、数字政府，还是与人们生活息息相关的智慧医疗、智慧交通，这些都是需要数据的。没有数据支撑，数字经济将无从谈起。所以，在数字经济的协同治理中，最重要的关注点就是数据。在数据的产生、收集、加工、利用等过程中，所有的主体都会参与进来，这其中既有个人和企业，也有市场和政府。只有对有价值的数据进行充分利用，才能给经济的发展带来最大的好处，所以要加强数据的治理，让数据的共享得到最大程度的发挥。

（二）税收

近几年来，我国的数字经济发展规模不断扩大，已经成为促进我国经济高质量发展的一个主要动力。目前，我国的数字经济总量已经超过了 31 万亿元，占 GDP 的百分之三十左右。在数字经济时代，税收治理受到了社会的广泛关注。与传统的商业模式相比，数字经济可以更加直观、透明、公开、公平地展现企业收入和个人消费。数字经济给一个国家的经济带来了强大的增长动力，但它也让税收遇到了前所未有的巨大挑战，要进行税收理念的更新，要积极应对新的情况，不断提高税收的信息化程度，税收要以数字技术为基础，要着重关注对个人隐私和公司财务信息的保护，要尽快构建并健全与当前情况相适应的法律法规，更要深入地参与到国际税收规则的制定中，要提高我国的话语权和影响力，以我国的数字经济发展和不给公司增加额外的税收负担为基础，切实维护我国的税收权益，要创新理念、创新方法，充分发挥税收治理的作用，推动我国数字经济的发展。

（三）信用

"信，国之宝也，民之所庇也。"数字经济的发展离不开诚信，不构建与之相适应的诚信制度，就不能保证人民生活、社会生产的正常运转。在这个数字化的社会里，人们生活的各个方面都有了很大的变化，因此，对信用治理的关注也越来越多。首先，要把多元化的数据、各类参与的主体、提供的与主体有关的信用一一进行精确匹配。这也是在大数据时代，信用发展的一个主要体现。要对主体的征信、信用情况等做出正确的判断，利用智能化的信息机制和多元化的信用产品，为治理体系中的主体提供更好的服务。其次，运用智能的方法，对各种欺诈、舞弊、弄虚作假等不诚信现象进行及时检测，并给出相应的警告，阻止其对市场秩序做出危害的行为，寻找行之有效的监督方法，激励诚信的主体进行持续的创新，从而对数字经济中的信用治理起到更好的促进作用。最后，在信用治理方面，要严格区分"软约束"的信用惩戒和"硬约束"的行政处罚之间的界限，采用多主体协作的模式，实现社会信用和数字经济的有机结合，建立健全的信用治理体系。

（四）知识产权

如今，数字经济的发展速度非常快，知识产权的存在是不可或缺的。一方面，正是由于知识产权的不断构建和完善，才让越来越多的新技术、新产品、新成果出现，并给人们的生活带来了颠覆性的变化。另一方面，这些新技术、新产品、新成果的快速发展，也对知识产权领域提出了更高的要求、更多的新课题、更大的新挑战。只有全面健全知识产权的保护制度，才能更好地促进技术的进步和经济的发展。随着5G、人工智能和物联网的兴起，互联网产业发生了重大的变革，要对侵权盗版、版权授权等各种问题，以及著作权、商标权、专利权等各种权益给予更多的关注。在实际的知识产权保护过程中，要对知识产权保护的边界问题加以重视，既要对其进行保护，又要把握好尺度。如果产权保护过度，就会造成垄断。同时，反垄断也是数字经济协同治理所要重视的一个重要方面。因此，在数字经济时代，我们要不断地寻找关于产权保护的平衡点，探讨更高效的数字经济环境下的知识产权治理体系。

数字经济治理的关系协同

一、数字经济治理目标的协同

建立多元主体的数字经济协同治理体系，推进数字经济协同治理，首先要解决的问题是数字经济协同治理目标之间的协调问题。治理目标的协同性不仅涉及多个主体之间的协同性，而且还涉及数字经济协同性治理的有效性；从更广泛的角度来看，数字经济治理作为国家治理的一个重要组成部分，其质量的优劣不仅会对国家治理的效果产生影响，而且还会对国家治理体系和国家治理能力的现代化产生影响。

（一）直接目标：推动经济高质量发展

数字经济协同治理的直接目标是发展好数字经济，从而促进经济高质量发展。目前，数字经济正以爆发性的速度发展，其对经济的辐射带动效应正在不断增强。在 G20 杭州峰会上，推动数字经济的发展成为《G20 创新型增长计划》中四项重要举措中的一项。通过发展数字经济、提高经济发展质量、扩大经济增长空间，已经成为国际社会的共识。习近平总书记强调指出："要构建以数据为关键要素的数字经济。建设现代化经济体系离不开大数据发展和应用。我们要坚持以供给侧结构性改革为主线，加快发展数字经济，推动实体经济和数字经济融合发展。"

一方面，数字经济是引领经济向高质量发展的重要驱动力。目前，以互联网为代表的新型信息技术正处于快速发展、跨领域融合的爆发阶段，并已成为推动新一轮科技与产业变革的主要动力。《中国数字经济发展与就业白皮书》指出，近几年来，中国数字经济在国内生产总值中所占的比例一直在不断提高，已经成为拉动我国经济增长的一个主要力量。另一方面，数字经济对实体经济的发展和传统产业的升级起到了推动作用。数字经济与传统制造业的深度融合，持续地产生了一些新的业态和新模式，如网络化协同制造、个性化定制和远程智能服务等，这些都是引领传统制造业进行数字化转型的重要动力源泉。

除此之外，数字经济还可以帮助实体经济降低运营成本、提高生产效率、提高供需匹配精度，促进经济朝着形态更高端、分工更精细、结构更合理、空间更广阔的方向发展，是实现经济高质量发展的重要支撑。所以，数字经济协同治理的实质，就是要使数字经济成为一种促进经济高质量增长的主要力量，这就是它的直接目标。

(二) 根本目标：提升国家治理能力

面对数字经济发展的现状，以促进治理能力的提高为核心，是数字经济协同治理的基本目标。数字技术促进了各行各业的数字化转型和升级，带动了全社会的数字化转型。当前我国社会主要矛盾已经转化为人民日益增长的美好生活需要和不平衡不充分的发展之间的矛盾。因此，人民群众对以数字经济为代表的高速、泛在、高质量服务和高质量产品的需求有了很大的提高，这直接促进了万物感知、万物互联、万物智能的智能社会和数字经济的迅速发展，数字经济也渐渐成为现代化经济体系的重要内容。在我国，数字经济的发展已经成为一种必然趋势。然而，数字经济的发展具有规模大、影响深、变化迅速、参与主体众多的特点，给传统的管理模式带来了新的挑战。所以，对数字经济的发展进程、成效和存在的问题进行及时、准确的掌握，建立与数字经济发展相适应的多元主体的数字经济协同治理体系，提高数字经济的治理能力，从而推动国家治理能力的现代化建设。在此基础上，应充分调动社会多方参与的积极性，建立协同治理模式。要利用现代信息技术和手段，向决策者们提供能够推动国家治理现代化和数字经济治理的真实信息，这样才能对经济政策进行及时调整和修正。要利用大数据手段，为数字经济治理提供全量、精准的信息，从而进一步降低协同治理成本，提高协同治理效能，提高协同治理效率。

（三）最终目标：增进人类的福祉

以增进人类的福祉为目标，维护数字经济发展秩序，是实现数字经济协同治理的最终目标。数字经济治理能力现代化的问题，是从维持数字经济时代经济社会正常运行秩序，推动数字经济健康、文明发展的需求出发的，但这并非数字经济治理的最终意义。增进人类的福祉是维持数字经济发展秩序的最终目标，它为实现人的全面、自由发展提供了重要支撑和重要保障。

以增进人类的福祉和实现人的全面自由发展为价值导向，突出了人在数字经济生态中的主观价值。我们要始终坚持"以人民为中心"的发展理念，持续强化并完善数字经济基础设施，持续强化应用技术的研究与开发，为让人们能够更好地享受到数字经济的红利，提供可靠的硬件保证；要重视数字经济的文化与内容的构建，为人的全面发展提供文化支撑；要大力推进"互联网+教育""互联网+医疗""互联网+社会保障""互联网+政务服务"等新业态的发展，让人民群众有更多的获得感。要加快数字经济的法治进程，就必须强化与数字经济相关的立法与执法工作，在赋予各种主体在线表达自由与行动自由的前提下，也要有效地保障各种主体的合法权益，为人们的自由与全面发展营造一个良好的数字经济生态环境。在数字经济的管理中，最重要的目的就是要让人们能够享受到数字经济发展带来的红利，提高社会的生产水平，提高人们的生活质量。

二、数字经济治理理念的协同

数字经济协同治理作为国家治理体系中的一项重要内容，其理念不仅要符合国家治理的基本理念，而且要具有对多元主体的凝聚功能。价值观决定着人们的思维取向，决定着人们的行动选择。人们有怎样的价值观，遵循怎样的价值观，就会产生怎样的治理理念和制度。基于国家治理体制、数字经济特点、数字经济治理目标，应该构建中国数字经济协同治理的"人民性""法治性""科学性"三个维度的价值体系。数字经济协同治理的目标本身就包含了要增进人的福祉、要体现人的全面自由发展、要正视数字经济中存在的问题、要推进数字经济的迅速发展，这就必然要求从人民、法治、科学的维度来推进数字经济治理。

（一）坚持人民性的价值立场

数字经济已经成为时代发展的新引擎，数字经济同样与每一个人的生产和生活密切相关。要想发展数字经济，推进数字经济的治理，就一定要站在人民的角度，紧紧依靠人民，其发展也是为了人民，这是数字经济协同治理价值体系中排在首位的。一是协同治理的主体要具有广泛性，因为它不仅表现为新技术与传统行业的融合，而且还表现为个体消费者、服务提供商、企业、政府等多个主体的融合。数字经济是一种"多数"经济，因此，对其进行治理，也要以"多数"为基础，保证所有主体都能平等地参与其中。二是协同治理模式要体现出协商的性质，即"大家的事大家一起商量"，除了强调协同治理模式外，还应注重运用协商、合作等其他治理模式，努力促进行业企业加强自我管理，并倡导社会成员进行共同协商、共同治理。三是在利益分配中要体现公平。一方面，要保证每个人都能适应数字经济的发展，享有相对平等的数字信息，使社会中的弱势群体不会被落下，也不会出现新的社会不平衡现象。另一方面，要让数字经济服务于每个人，让大家可以平等地进行创新创业，享受优质的产品和服务，享受数字经济带来的红利。

（二）遵循法治的治理理念

数字经济属于一种正在蓬勃发展的新事物，要尽可能让数字经济与数字经济法治建设保持同步，用一个良好的法治环境来保证数字经济的持续健康发展。要有好的法治，要将数字经济发展中的重点、难点、热点问题和法律风险点作为重点，加快制定相关的法律法规，用硬法兜住底线。要有健全的制度，尤其是要以数字经济的协同治理为中心，建立起行之有效的监督机制、激励机制和运行机制等，用软法来对发展进行规范。用法律法规来明确政府在数字经济治理中的主导地位，并明确企业和社会在数字经济治理中的权利和义务。

（三）注重科学性的治理导向

国家治理是一个复杂的系统工程。科学的国家治理，就是坚持科学的精神，在国家治理的过程中，遵循经济社会发展的基本规律和特征，实现有效的治理。数字经济在表现形式、关联程度、迭代速度等方面都与传统的经济形态有很大的区别，并且，数字经济也已经上升到国家战略的层面，所以，科学的管理对于数字经济的健康发展具有非常重要的意义。尤其是现在，我国正在从传统的工业经济转向数字经济，在这个过程中，我们的治理工作还没有跟上发展的步伐、模式还没有固定下来、手段还没有跟上、利益主体的矛盾也比较突出。这就要求在数字经济中，鼓励创新，科学施策。在治理机制上，要对数字经济的创新属性加以更多的重视，要对信息技术快速发展和变化的特点给予更多的关注，多使用事中事后监管，以及大数据等技术手段来对治理进行辅助。在资源配置上，要充分发挥数字经济资源配置效率的优势，鼓励各类平台企业多提供有价值的交易信息和中介服务，也要预防无序竞争、行业垄断的现象，鼓励同类行业企业进行正常的市场竞争。

三、数字经济治理议题的协同

数字经济已深入人们的日常生活，并在国民经济中占有举足轻重的地位。对数字经济协同治理的研究，第一步就是要对其正当性和合法性进行界定，第二步就是要对其边界划分、权力结构以及国家特征等问题进行分析。

（一）数字经济协同治理的正当性

最近几年，随着数字经济的快速发展，出现了许多新的热点和业态，数字经济既促进了经济和社会的发展，又对社会的秩序产生了一定的影响。所以，很多人都在反思，是否应该停止以"鼓励创新"为旗号，让数字经济漫无边际地发展。还有一些学者认为，由于数字经济的迅速发展，人们获得了空前的权力和知识，但是人们并不清楚这些权力和知识该如何使用，也不清楚将它们交给谁去管理和限制。"以力破巧"，将错失良机；如果采取软弱的态度，很可能会导致"无政府主义"。在现实生活中，随着数字经济治理日益成为各国政治关注的焦点，政府的角色也日益被人们所认可。例如，欧盟主张对互联网进行适当的政府干预，英国宣称互联网并不存在法律空白，而法国主张政府部门应联合技术开发者、服务供应商和用户共同对互联网进行规范。本文所提出的观点，不仅涉及网络治理，而且还涉及数字经济的治理。

当前，大部分国家对数字经济开展着各种形式的监督和管理，数字经济治理是人们所期望的。首先，网络等信息技术是高科技的聚合体，对高科技的预测和调控，包括克隆技术、纳米技术和网络技术等，对高科技的影响，以及对其产生的社会影响都具有重要意义。其次，由于数字经济具有多元主体互动的特征，它超出了"私"的范畴，所以需要兼顾公众利益与社会秩序；从传统的互联网治理角度来看，在现实生活中，任何一个国家都不会放弃对网络信息的管理，从政府部门到特定的组织，都把对网络和网络信息的管理看作是自己义不容辞的职责。

（二）数字经济协同治理的边界性

何明升把数字经济的管理领域分为三个层面：虚拟空间的管理、虚实关系的管理和国际管理。在此基础上，我们还将从三个方面对数字经济中的协同治理边界问题进行研究。

一是在虚拟空间方面，随着网络和其他信息技术的发展，人们在时间和空间上的变化，使得人们对生产和生活有了新的理解，虚拟空间也逐步成为一种相对独立的领域。从这一点来看，虚拟空间是数字经济中一种独一无二的场景，为人们的生产生活提供了更丰富、更多样、更便利、更经济的特殊环境。但实际上，这种"有限"的虚拟世界，却是无政府主义者们最想要保护的地方。在这里，有许多见不得光的交易，也有许多隐秘的交流。因此，有必要对虚拟空间进行有效的管理。

二是在"虚"与"实"的关系管理上，"虚"的存在并非孤立、封闭，它是"实"的社会形态。卡斯特在《网络社会的崛起》一文中指出，互联网是一种无中心的、在任何一个节点上都能进行交流的信息网络媒体，它充分地反映出了"网络逻辑"的结构形式。因此，我们可以看到，在这个世界上，虚拟空间只是一个亚形态，它只是这个世界中的一个角落。与此同时，由于数字经济秩序的公共物品性质，在对其进行治理时，既要保护公民和企业的合法利益，也要保护社会的公共利益。所以，在数字经济中，既要有自律，又要有政府的监督，否则将会导致其发展不受控制甚至失去控制。

三是在数字经济的国际治理中，数字经济的治理不仅要有跨国界的特征，而且要有一国的意志。首先，在数字经济领域存在着主权争议。其次，数字经济具有一定的流动性，且某些数字资源又具有一定的稀缺性，使得对数字经济的司法管辖具有一定的模糊性。而与数字经济相关的核心资源配置管理，如域名管理归属、根服务器管理等，又是影响国家安全的重要因素，也是国际社会关注的热点问题。另外，随着电子政务、电子商务、移动支付、网约车、网租房等新的经济形式的兴起，世界各国开始了对数字经济的新一轮竞争，争夺新经济的制高点，并想尽一切办法获取其他国家的数字信息。因此，无论从哪个视角来看，数字经济治理领域都是数字经济协同治理领域的一个重要课题。

（三）数字经济协同治理的权力主体

不管是从数字经济的特点，还是从社会对数字经济治理的要求来看，数字经济协同治理的主体都不应该再被限制在传统的以政府为主导的一元治理模式之中，而是应该包括政府、数字经济企业、相关社会组织和公民个体在内的体现协同性的多元治理模式。数字经济治理被看作是一个在网络生态环境中，多元主体相互协调、相互影响、相互合作的过程。这里的多元主体也指的是包括非政府主体在内的各类社会主体。但是，我们也应该认识到，尽管互联网作为一个技术体系，具有一定的自组织功能，它可以在一定程度上对其自身所存在的不协调、不平衡等问题进行修补。但是，因为在技术实体周围或者附着在技术实体上的其他个体非常多，而这些个体之间不可能自组织，也不可能自动地产生协同效应。所以，就需要设置一些规范和约束，让所有的个体成员都必须严格遵守并相互监督。但是，在设置规范性条件时，必须保证个人在社会中的地位相对平等，否则将导致社会新的失衡。

在数字经济治理的多元主体权力结构中，因为政府拥有法律授权的正当性，并且拥有管理治理的权威性，所以政府应该处于协同治理的领导地位，但是还应该将其他主体以及社会自身的管理都包含进来。因为协同治理主要表现为多主体参与治理，所以他对其他治理主体的权力给予了认可，从而保护了其他主体的治理权不受侵犯，同时也有助于并促进其他主体在协同治理的过程中，提高自身的治理能力。一般而言，完善的多主体的权力结构是通过三种机制的相互制约而构成的：一是强调各主体自我管理、自我完善和自我修补的自我约束机制；二是它的"他律性"，它指的是政府职能与社会机构的高效运作；三是相互约束机制，即各主体应形成一种互相制衡的状态，在一方实力太强的情况下，利用彼此约束的作用来达到权力均衡的效果。

（四）数字经济协同治理的国别特色

目前，在互联网等数字经济蓬勃发展的今天，各国对数字经济的管理是否仍有各自的特点？各国是否必须遵循同样的管理逻辑与管理方式？从实践中我们可以发现，真正利用互联网并参与数字经济活动的，是真实的自然人，他们通常以"群"的形式存在于虚拟空间。正是互联网中时时刻刻无所不在的"群"，使得数字经济及其管理呈现出不同国家的特点。"群"里的组织与个体，一方面是与真实的企业、团体或个体相对应的，但它们又具有地域、文化、民族的符号。尽管在人类学领域存在着普遍性与历史性的争论，但是，从现实的角度来看，不管是"群"里的团体或个体，线下活动或是线上的交流、沟通与活动，都离不开地域性的、个性化的体验，并具有特定的国家特征。与此同时，具有共同愿景的、带有个性烙印的团体或个人在网络平台上交互、交流、影响，又会产生具有特定区域及文化特征的知识，这些知识经过扩展和扩散，又会影响到网络平台上的每一个人，如此循环，最终导致网络平台逐步形成具有独特个性的文化。从另一个角度看，"群"又包含或反映着某种国家的特征。网络上的每一个虚拟主体都会在现实生活中反映出来，而现实中的主体都带有民族性的特性。所以，虚拟空间中的各种"群"以及各种数字经济活动，都既有地方性，又有民族性。

所以，一个国家的数字经济治理既要考虑到世界规则，又要考虑到国家和民族的特点。我国的数字经济协同治理应该遵循普遍的治理规则，也应该有自己的治理逻辑、治理模式和治理方法。

数字经济治理的主体协同

一、数字经济协同治理主体分析

在数字经济协同治理中，最重要的一点就是要对治理主体、主体职责、主体权力进行明确，并以此为基础，积极推动多元主体之间的协作，努力打造出一个多元主体协同共治的局面。在治理层次上，学界通常将协同治理的主体分为两个层次。一个是从宏观的角度对其进行分类，通常将其分为政府、市场、社会三类主体；另一个则是从微观角度上对其进行了分类，即政府、社会团体、基层组织、公民、市场等。

两者最大的不同之处，就是对于"社会"对象的不同理解。但是，关于"微"的分类标准，至今在理论与实践中尚未达成共识。比如，一些学者对"社会组织"作了更多的分类，如社会团体、机构等；另一种观点则提出，"事业单位"本质上应包含诸如"社区、街道、办事处"之类的组织，故"基层组织"不应再成为一个独立的主体。

在这一问题上，由于视角的不同，也存在着多种方法的区分。究竟应按宏观层次进行分类，还是按微观层次进行分类，应根据研究内容的要求进行分析。从整体上看，从宏观的角度来看，这种划分方式较为简洁，更适宜于从顶层设计的角度来进行研究；微观上的划分方法更为细致，更倾向于对具体问题的研究，例如网络舆情、网络安全、数字经济具体产业等方面的研究，都更适用于微观层次的划分方法。因为我们尝试以协同治理理论为基础来构建数字经济协同治理的框架，所以有顶层设计的考虑。在这里，之所以用企业来代替市场，主要是因为数字经济的平台经济属性。在数字经济时代，产业竞争已经逐渐进入了大规模、大范围的平台策略竞争，所以，数字经济企业，尤其是平台经济企业在市场中的作用非常重要，使用企业主体代替市场主体，这与数字经济治理的现实状况和需求相一致。

（一）政府主体分析

政府是提供公共服务和履行公共管理职能的重要主体，它的主要职责是在法定的授权下，依法对社会公共事务进行管理，向社会提供公共产品，为社会公众提供服务。尽管随着经济社会的发展，社会形态一直在发生着变化，政府的职能也在相应地进行着调整，但是，政府在基本职能定位方面并没有发生明显的改变，政府需要履行的基本职责依然是：组织制定法律法规和公共政策、监督法律和政策的执行、维护市场秩序和打击违法犯罪、维护社会公平正义等。在我国的数字经济协同治理体系中，政府主体具有如下两个特征。

第一，在数字经济协同治理中，政府起着领导作用，但并不完全负责。在数字经济治理协同模式中，政府不再仅仅是一个发号施令的指挥者或者是一个执行者，而是一个作为协同主体的政府与其他治理主体之间，存在着一种平等、协商、共治的关系。在数字经济治理协同的进程中，政府除了要扮演更好的角色外，还应承担起积极引导和协调其他主体参与的责任。尤其是，由于数字经济具有高度的知识密集型和技术性，使得其在技术、信息、知识等方面拥有天然的垄断优势，极易形成"一家独大"的局面。与此同时，数字经济也呈现出一种虚拟的特征，在此基础上，上亿的交易主体在此平台上进行着"无形"的交易，若一方不遵守信用或不遵守法律，将给另一方带来巨大的损失。因此，在数字经济协同治理过程中，引导和支持其他协同主体参与数字经济治理，提高数字经济治理能力，加强对各类主体的监管，越来越成为政府在数字经济协同治理过程中应承担的责任。

同时，政府也在与信息化的需求相适应，积极转变自己的职能，对自己的工作和服务进行了创新，不断地推广"电子政府""阳光政府""开放政府"等新的工作模式，使政府的工作效率、服务水平和管理水平都得到了进一步的提升。在数字经济背景下，政府正在从信息的"垄断者"逐步过渡到信息的"提供者"，从"管理者"过渡到"服务者"，从多方治理的"决策者"向多方治理的"引导者"转变，这种转型本身也意味着政府不再强调对社会事务的统治和控制，而是通过一定的法制、机制和制度，加强与社会成员的良性互动，扩大社会成员的知情权、参与权和监督权，营造与社会成员一起协同治理社会事务的局面。

第二，在中国的数字经济管理中，政府管理的主体具有广泛性。一般而言，在广义上，政府的主体既有立法机关、行政机关、司法机关，也有社会公共权力的具体实施机关；狭义上的"政府主体"是指那些具有相关监管职能的政府部门或组织。

（二）企业主体分析

市场是社会分工发展到一定阶段的产物，它既是商品的买卖主体，又是商品和服务的主要渠道，是经济活动中最重要的参与者之一。通常情况下，市场主体主要包括了各类企业、市场投资者、销售者、消费者、劳动者等众多主体。而企业由于承担了产品生产、服务供给、商品流通、市场交易等职能，因此它毫无疑问地成了最重要的市场主体。许多数字经济企业承担着供给与需求双方之间的撮合交易服务，它们拥有更多的信息和资源，它们的职能也不同于传统企业，这就使得它们要肩负的社会责任和任务也变得更为艰巨。

第一，在数字经济合作管理中，企业在其中起着关键作用。企业是数字经济的主体，是数字经济治理的关键。在传统经济时期，政府对经济事务拥有较强的管理权，企业从成立到运行，从注册资本金到运营资金，再到利润情况，从招聘员工到社会保障等，都必须向政府进行备案或汇报，企业的大部分运行数据都被政府掌握。在这一模型中，政府自然而然地也可以作为市场的主导者。但是，在数字经济时代，因为技术和数据都被企业所掌控，而且技术手段不断地进行着快速的更新，所以数据也在不断地发生着变化。此外，数字经济还存在着一种天然的技术壁垒，如果没有技术性授权，那么其他主体就很难获得公司的最新数据。即便得到了技术上的许可，也难以对这些宝贵的资料进行分析和取得，除非经过专门的机构。这使得政府的监管面临着技术上的挑战，使得政府在应对数字经济的时候显得力不从心。

第二，在数字经济环境下，企业对协同治理具有重大意义。在当前社会治理多元化的新形势下，企业作为数字经济治理的主体，一方面，其自身的健康成长对于促进经济社会的发展、促进数字经济治理起到了积极的作用；另一方面，企业想要发展壮大，需要一个安全、稳定的社会环境，企业也应该有一种强烈的责任意识，要积极地参与到数字经济的治理当中，并一直保持着参与数字经济治理的主动性和责任感，不能互相推诿责任，不能盲目地追求利益，而失去了基本的社会道德，应始终坚持服务公民、服务社会。在公司内部，公司应当把促进自己的健康发展作为自己的目的，制定公司的发展计划，对公司的发展进行合理的规划，对公司的发展规模、发展速率进行合理的设置，对各利益相关者的利益加以均衡，并尽力进行内部的协调；在对外方面，企业应当将促进行业健康发展和从中获益作为自己的目的，加强与行业企业之间的沟通，避免恶性竞争和无序竞争，与政府保持良好的沟通，积极响应公民和网信的诉求，努力做好外部协同。

（三）社会主体分析

社会主体分为两类：一类是产业团体，另一类是公民个体。

第一，在数字经济中，行业协会是协同治理的主体；由于行业组织具有非营利性、非政府性、专业性、公益性和相对中立的特点，加之其吸纳了专家学者和领军企业等专业力量，还具备一定的资源整合、力量动员和提供专业服务的能力，使得其成为一种受到各方信任的主体。所以，积极培育数字经济行业组织，为相关行业组织提供生存、发展和参与治理的政策环境，逐步建立起政府与相关行业组织之间相互信赖、优势互补、积极互动、有效协同的合作关系，可以很好地弥补政府在数字经济治理方面能力不足、力量不足的缺陷。一是行业协会能够承担起政府对数字经济的管理责任；行业协会是我国社会自我管理的主要力量，它在一定程度上可以承担一定的政府职能，有助于降低管理费用，提高服务效率。例如，中国互联网协会、中国电子商务协会、中国软件业协会，这些著名的社会团体，对企业的行为进行规范、对法律法规的宣传、对行业发展的指导、对行业标准的制定、对企业之间的纠纷的协调，都起到了无可取代的作用。二是通过行业协会与数字经济公司的联合，强化行业自律。一方面，由于数字经济的快速发展，一个产业从建立到成长起来，通常只需要一到两年的时间，而政府对其进行监督和管理，通常都要经过严格的法律程序，因此，其制定的管理意见必然会落后于市场的实际需求。另一方面，数字经济企业的价值衡量标准与传统企业不同，传统企业更注重的是产品和服务的质量，而数字经济企业通常更注重的是用户的数量，这就导致了企业会不择手段、不遗余力地提高用户的数量，而与之相伴的则是恶性竞争，甚至是使用违法的手段。行业协会对行业发展和企业行为的规范起着重要的"软协作"作用。三是行业协会能够与社会公众共同参与，强化数字经济的管理。社会组织和民众（包括用户）之间的互动，能够听取民众的声音，真实地反映民众的意见，并将其反馈给政府，从而能够有效地补充政府对数字经济的监管缺失，最大限度地满足民众的多元化需求。

第二，全民是数字经济中的一支新兴力量，是数字经济中的重要组成部分。在现代社会中，公共生活的范围在扩大，大大地刺激和释放了社会的公共需求，同时也提高了公民的自主性，进而培养了他们的政治参与意识和社会责任感，从而形成了他们的社会公共精神。数字经济使人们的生产和生活方式发生了巨大变化，越来越多的人以"数字经济商品和服务供应商""数字经济商品和服务消费者""网民"等身份进入了社会和经济生活，并对真实的经济和社会造成了巨大的影响。例如，在电子商务时代，每个公民都可能成为卖方、买方和观众；随着网约车的发展，每一位市民都可以成为汽车服务的提供者、用户等。所以，与传统经济时代相比，数字经济时代的一个显著特点是，公民不再只是消费者，不再只是单向地向企业维权；市民既是商品、服务的供应商，也要承担准企业责任。因此，在数字经济背景下，公民作为公共物品与服务的提供主体，应当成为政府与企业协同治理的一支重要力量。同时，中国拥有庞大的互联网用户群体和世界上最多的互联网用户群体，这为民众参与数字经济管理提供了坚实的民意基础。

二、多元主体协同治理模式分析

数字经济的特点，决定了社会管理体制要从政府主导的权威的自上而下的单向管理，转变为政府主导、市场自治、社会参与的协同治理模式，实现上下互动、彼此合作、相互协商、共同治理。习近平总书记指出："随着互联网特别是移动互联网发展，社会治理模式正在从单向管理转向双向互动，从线下转向线上线下融合，从单纯的政府监管向更加注重社会协同治理转变。"

协同治理对治理提出了更高的要求，由于协同治理的治理主体呈现出多元化、权力配置呈现出分散化的特点，要想将分散的主体和权力整合好、协调好、发挥好，就必须制定一个有效的权力框架，对各类主体的权力边界和职责任务进行明确，在此基础上，加强主体内部和主体之间的协同，构建并完善协同机制，保证各治理主体在数字经济治理中各司其职、各担其责、协同共治，保证数字经济健康发展。

（一）构建多元主体协同治理模式

随着数字经济的不断发展，我们不能只把它当成一种新兴事物，也不能把它管得太严，更不能把它的潜力扼杀。要适应新形势、新思维、新环境、新认识，要具备前瞻性的能力。要以数字经济的新特点为依据，对包括体制机制、法律法规在内的制度体系进行重新设计和优化，对不同治理主体之间的责、权、利关系进行明确，强化治理主体之间的协同作用，构建出多元主体协同治理体系。在数字经济协同治理体系中，政府、企业、行业组织和公民都是治理的主体，所以，既要保证政府的公共性、权威性、主导性得以发挥，又要充分发挥企业的技术能力强、效率高的作用，还要灵活运用行业组织的公益性、专业性、成本低以及公民个体的回应快、诉求准等特点，充分发挥多元主体的作用优势，努力构建数字经济协同共治的新模式。政府要加强对协同治理体系的战略规划，主导对整体治理架构的设计，进一步明确各方的职责、权利以及相互关系，尽可能避免治理主体之间的权责交叉和错位。政府要在数字经济协同治理体系中起到重要的引领作用，对相关的法律法规进行研究，对相关的发展战略进行组织，对相关的激励性政策措施进行研究，对产业的发展以及与之相关的公司进行依法规范，并对其进行有效的管理，从而为促进数字经济的健康、可持续发展，提供一个良好的法治和政策环境。

在数字经济中，企业已经不再只是一个被规制的对象，它同样也是一个治理主体。企业要积极利用自己的信息优势和技术优势，主动强化自我约束，帮助其他主体做好行业企业治理工作。行业组织要在规范行业发展、提高行业发展质量、提升行业企业治理水平方面起到很大的作用，通过制定行业标准规范、行业企业行为准则、企业社会责任标准等，来营造出一个良好的行业发展氛围和商业伦理环境。公民个人应该提高自己的数字经济素质，培养自己的诚信意识，利用网络社区等平台来反映自己的诉求，强化公民自治，并积极参与到数字经济的治理之中。在此基础上，建立在政府主导下的数字经济多主体协同治理模式。

第一，政府要起到引导的作用。这主要是指政府应该对数字经济的发展进行规制，并引导其他治理主体参与到治理中来。以政府的基本职能定位为依据，它主要通过制定与数字经济相关的发展战略、制定并实施法律法规、发布行政指令等方式来参与治理。但是，这种参与并不是可有可无的，它是既把握方向又明底线的参与，它的作用不言而喻，它属于主导式、引导式地参与。当然，在这个阶段，政府并不是大包大揽式地参与，在很多情况下，政府并不是直接向公众提供公共产品和服务，而是扮演着监督者和公共服务代理人的角色，对各方进行监督、协调、服务，扮演着主导、引领角色，而不是事事亲力亲为。在数字经济时代，快速更新、高度个性化、高知识含量的数字经济产品与服务已超出政府所能提供的极限，所以，明智的政府应该从生产环节逐步退出，积极调整自己的职能，从"划桨人"变成"掌舵人"，将重点转向为数字经济企业提供服务，为数字经济创造良好的发展环境中来。

第二，公司应肩负主要责任。在数字经济治理过程中，拥有技术、人力和资源优势的数字经济相关企业，应该遵守法律法规，对企业进行严格的管理，持续加强企业自律，在政府战略引领和法律法规规制下，全面承担起数字经济治理的主体责任。在本质上，数字经济治理跟传统互联网治理还有一些区别。传统互联网的治理对象是互联网企业和网民，它的治理重点也是规范互联网企业和网民的行为。政府可以用硬性法律和道德规范来对企业行为和网民的言论进行约束。但是，这方面的主要障碍在于，互联网网民的数量非常庞大，并且很多信息是脱敏的，因此很难在第一时间掌握准确的主体信息，在一定程度上还存在着技术解析时间过长等执法问题。

在数字经济中，更多地强调了数据的聚合，而数字经济企业也更多地表现出了平台企业的特征。与传统企业相比，数字经济企业拥有收集、分析数据以及从技术上对平台上的各种个体进行管控的能力。所以，数字经济的治理对数字经济企业提出了更高的要求，对以数字经济企业为中心的治理活动加以强化，从而提升治理的效率和质量。

第三，要有广泛的社会参与。在数字经济的治理实践中，需要社会力量，如行业组织、公众等。公民作为数字经济中的一支关键力量，在数字经济中可以作为商品与服务的提供方，同时也可以作为消费者，为了维护个人权益、集中群体智慧、加强社会监督，公民已经成为数字经济治理中不可缺少的主体。尤其是在网络等信息技术的普及和公民意识的觉醒下，公民自我约束和参与社会治理的作用日益凸显。行业协会等社会组织同样是数字经济治理中的一支重要力量，它们在推动行业自治、搭建企业交流平台、推动政企对话、制定行业发展标准等方面起到了无可替代的作用。

第四，实现各方的优势互补，协同治理。在数字经济的各个方面，包括了各种各样不同类型的主体，它们应该将自己的特征和优势都发挥出来，以共同的治理目标、理念和原则为指引，将自己的功能和作用都发挥出来，从而实现一个多元共治的局面。政府是促进数字经济发展、保护公共利益、保护企业、公民个人利益的主要责任主体，它是公共权力的代表，它的战略规划具有指引性特征，它的法规政策和司法判决又具有权威性和强制性特征，因此，政府应该在法律和战略两个层面上起到关键作用。数字经济企业承担了大部分的数字经济治理任务，利用其技术优势，能够迅速、灵活地应对各种现实生活中普遍存在的问题，并能够制定"企业规则"，促进公民自治。公民与社会组织等社会力量具有独立性、覆盖面广、灵活性强的特征，特别是在个人权益维护、行业规范发展等不利于有效管理的领域中，可充当"第三力量"。总体而言，政府、企业和社会的力量应该在职责明确、分工合理、协同互助的前提下，共同参与到数字经济的治理中来。

（二）发挥政府主体的主导作用

英国政治学家杰索普以"元治理"为基础，对其作了更深一步的改进。他主张"元治理"是治理中的治理，对各种治理主体、治理规则等作出制度安排，对各种治理机制进行协调与调整，以确保各种治理机制间的有效衔接与相对均衡。"元治理"的实质就是在特定的制度或者特定的主体下，建立一种规范的、有效的、运行有序的社会治理形态。在"元治理"中，这一主导任务通常是由政府来承担，"它的作用不在于建立一个绝对的、完全的控制的政府，而在于它要进行制度设计、进行前瞻性的规划，确保社会系统在良好的制度环境下运行，推动各个领域的自我组织"。

在数字经济的治理过程中，政府应该主动担当起协同治理的元治理角色，主动建立起一个数字经济的协同治理系统，并为其提供一个能够进行协同治理的制度环境与机制。

第一，要强化发展数字经济的战略规划；政府应该加强对数字经济发展的顶层设计和宏观指导，通过制定战略规划和必要的财政、金融、人力资源等政策措施来培育数字经济产业。产业政策是产业发展的"指南针"，产业政策的制定与支撑需要政府的引导。一方面，在数字经济领域中，许多主体常常会面对信息不对称、市场失灵等问题，这就需要政府积极发挥引领、指导的作用，并及时向公众提供政策指导和信息披露。另一方面，由于数字经济的高技术门槛、高投入、高先期试错成本，若不给予政策上的指导和支撑，将会压抑社会的创新热情，对数字经济的创新发展不利。例如，人工智能的发展对人类社会有着颠覆性的意义，但是它在特定领域的研发和应用却存在着很大的不确定性，而且还是一个需要长期高投入的领域，此时就需要政府起到引导的作用。

第二，要加强法律法规建设，促进数字经济的发展。政府应制定完善的法律和规章，加强对环境质量的底线监督。一方面，应根据新的特点和要求，对现行的相关法律进行调整，并对其进行补充、修订和完善。另一方面，要加快对与数字经济有直接关联的风险控制、知识产权保护、隐私权保护、数据保护等法律法规的制定，对数字经济发展的法律环境进行完善。除此之外，还应针对网上订餐、社交平台、电子政务、网约车等数字经济热点领域，对相应的法律、地方性法规或行业发展指南进行制定或修改，确保新业态、新产业、新模式得到保护和发展。要加速完善包括认证和标准在内的制度支持体系，为数字经济的规范发展提供良好的制度环境。

第三，对数字经济的政策制度进行创新。政府要用公共政策的方式来促进数字经济的发展，同时还可以降低数字经济企业的税负，从而激发市场的内生动力。一是通过财政政策，如财政补贴、政府采购、基础设施建设、公共服务等，为数字经济的发展营造一个相对有利的发展环境。二是利用税收政策，对处于萌芽阶段、规模较小，但具有良好发展前景、有利于大众创业万众创新的新型经济形式给予税收支持，并对数字经济的税种进行创新，以方便对数字经济进行纳税和征税。三是加强对相关产业的金融扶持，为数字经济发展提供更多的资金支持。四是通过产业政策的实施，促进产业之间的合作，促进数字经济的产学研合作。五是利用地区政策，重新构建地区间的分工局面，促进地区间的合作。在这一过程中，政府应从制度设计上对数字经济的协调发展起到导向的作用，从而推动数字经济的良性发展。

第四，对多个管理主体进行协调。政府既要制定并发布相关的政策法规，对数字经济中的企业与公众的自身行为进行规范，又要通过协同、对话、协商等方式，在"软、硬"两条路线上，协调不同治理主体之间的互动，以实现其在数字经济中的共同目标。要降低制度性协调的成本，构建政府、企业、社会组织和公民之间的协商对话、信息共享、共同决策和共同行动的机制，要重视政策的解读，积极运用现代信息技术的手段，强化政策的宣讲、解释和收集意见建议的工作，让多元协同共治的参与渠道更加畅通。

（三）加强企业主体的自我规制

在数字经济环境下，市场与政府的双重失灵更加明显，网络协同与合作竞争正在成为继市场机制与政府干预之后，支持经济与社会发展的第三种均衡力量。在数字经济背景下，以企业个体为基础、以联盟为基础的企业主体自律机制的重要性日益凸显。

第一，数字经济中的公司在自律方面有很大的优势。首先，数字经济中的公司通常拥有更高的专业技能，这使得监管更具针对性和实效性。例如，世界上很多国家都在使用技术过滤、内容分级等方法对网络内容进行管理，这就是"科技对科技"的管理特征。其次，在数字经济背景下，企业拥有海量的数据资源，无法将这些资源拱手让给他人，只能通过自身的监管，对这些资源进行有效的挖掘，以提升其产品或服务的质量，提升其适用性。另外，企业是一家私营机构，它在制定监管规则时无须遵守严格的法律程序，因此它具有很大的便利性和灵活性。此外，企业处于市场第一线，对行业竞争的压力最为敏感，所以它也有很强的自律性。另外，随着中国数字经济的快速发展，国家对其监管相对放松，而众多的数字经济企业也从中受益，因此，从伦理学的角度来看，应当对其进行监管。企业的规制措施还具有一定的实验性质，如果可行，则可以扩大到更大的范围，甚至可以上升到国家的法律法规。

第二，在数字经济条件下，公司可以自行制定规章制度。在数字经济中，企业应该承担起自我规制的责任，最大限度地降低自己经营行为的负外部性。为实现这一目标，相关企业应制定具有合法性的、非强制性的自律制度。合法性指的是自我规制不能侵犯法律赋予的公民、服务和产品提供者、消费者等主体的权利。非强制性指的是通过协议机制，可以在公民个体与数字经济企业之间达成共识。与此同时，数字经济公司也应该构建出一套相对独立的争议解决机制与软法权利救济机制，组建出一支针对服务和产品提供者更加专业的专家指导队伍，这样才能更好地为各类公民主体提供服务。要想充分发挥企业的自我规制作用，必须要有一定的约束条件，比如要有企业自我规制的动力激励、要制定相对合理的规制程序、要畅通外部主体参与的渠道以及要有政府部门的有效监督等。例如，对于企业的自我规制程序和规制效果，无论是政府机构还是其他外部主体，都可以对其进行监督和评估，对于自我规制效果较差、治理程序存在错误并严重损害公共利益的企业，可以提前作出判断，政府可以给予相应的指导、警告，甚至是行政规制或法律制裁，而其他外部主体也可以通过媒体、提醒等方式予以告知。

第三，以公司平台为载体，制定公司的用户协议，实现公司的自我管理。在数字经济中，企业的主体通常是以一个又一个的网络平台的形式出现的，其中有提供信息化基础设施服务的电信企业，提供各种撮合交易的交易平台，以及提供各种信息服务的网络平台等。在实施自主管理的时候，企业通常会与使用者签署某种形式的协议，以保证企业与使用者之间的权利与义务。互联网平台的相关服务协议，是以用户和平台公司为主体所签署的，是一种双方相互指向、反向指向的民间协议。在这一互动关系中，平台企业作为一个民事主体，它和用户签署的服务协议，是一种平等的私主体间的服务合同。但是，这类服务合同相对于其他的服务合同来说，具有一些特殊之处。这主要体现在，这类合同是由互联网平台企业单方面制定的，张贴在网站上，并且可以反复使用，用户不能与其进行谈判，更不能对其进行修改。当使用者选择不受限制地接受服务条款时，他们可以主动地参与到网络平台的服务中来；如果使用者不同意其中一条，就不能使用本网站所提供的服务。

在实践中，建立在线平台企业的用户协议，是实现在线平台企业自我管理最简便有效的手段。尽管服务合同的内容没有跟用户进行过协商，用户也只能是被动地接受全部的内容。但是，通过这种机制，互联网平台公司可以事先将平台的服务范围、注意事项以及用户的权利和义务事先通知给用户，这样就可以对该合同的签约用户展开无差别的规范，与此同时，它还可以对自己的行为进行约束，从而实现平台公司的自我治理。用户也能提前知道自身可以享受的服务和应承担的责任，从而依法规范自身在网络平台上的行为。从某种意义上说，数字经济是一个平台经济，它是一个将成千上万的服务供应商与最终消费者联系在一起的平台经济，而不是以平台企业为组织方，进行统一签约，这样多对多的匹配模式难以实施有效的治理。除了签署协议之外，平台企业还要对协议的监管和执行负有责任，对违反协议的个体采取没收保证金、关停账号、平台禁入甚至向司法机关报告等方式来进行处理。同时，由于平台公司和用户是共同的利益主体，因此，在某些情况下，平台公司还需要为用户的违法行为付出代价。例如，共享单车企业提供了上百万的单车，同时也收取了一定的费用。在面对大量单车无序停放的情况时，既不能指望单车租赁人去重新摆放，也不能指望政府等公共机构来组织摆放，而应主动承担起规范单车市场的责任，加大力度做好单车停车秩序的维护。

第四，企业为其他社会组织的参与提供了良好的环境。例如，由企业牵头，与行业协会、市民共同组建一个数字社区，并通过这个组织平台来实现合作自治。从某种程度上说，数字社会与真实社会类似，它是由特定群体在特定的网络空间中所组成的一个社会单元。互联网上的每个社会单元或每个网络平台，都有具体的社群成员或社群组织，可以看作是一个数字化社群。每个网络平台（数字社区）的成员主要分为两种，一种是平台上注册的用户，另一种是平台内部相关管理人员。在进行自我治理的过程中，社会组织必须对其进行相应的自律规范，其表现形式通常是其章程，这是公民社会自我管理的"宪法"。团体章程的建立，不但针对表示意愿的人，而且针对那些不愿意表示自己意愿的人，同样也是有约束力的。例如，互联网协会的自律公约、天涯社区的管理规定等，都是经过某种决议程序而形成，并以组织章程的形式表现出来，对未参会表示意愿或未在社区留言的成员也具有约束力。本文中的"数字社区自治"与"产业团体"治理不同，并非由多家企业组成的"产业团体"自治；这与公司自主又有很大的区别，即公司自己不能控制其他的用户；而是由公民联合其他主体，选择具有一定公信力的第三方或平台企业用户，授权他们来管理数字社区，这与社区治理的概念有些相似。例如，新浪微博设立了一个网上法院，允许注册用户自行判断和处理举报信息；另外，新浪成立的人民调停委员会，淘宝成立的网上纠纷解决机制，均属于自治机制，但与企业自治的区别在于，其自治机制、自治章程均由互联网平台企业主导和组织。该机制具有方便、高效、低成本等优点，但其不足之处在于主办方本身也是互联网平台的经营者，其同时具有"游戏规则"的制定者、参与者和裁判者等多重身份，难以保证其公平性和公正性。

中国一直强调数字经济企业要承担自我规制责任。在 2016、2018 年全国网络安全和信息化工作会议上，习近平总书记就这一问题反复做了强调。他指出："要压实互联网企业的主体责任，决不能让互联网成为传播有害信息、造谣生事的平台。""要落实关键信息基础设施防护责任，行业、企业作为关键信息基础设施运营者承担主体防护责任，主管部门履行好监管责任"。为此，中央网信办也多次作出专门部署。目前，推动以互联网为代表的数字经济企业承担主体责任，逐渐成为社会各界共识，这也为加强数字经济企业自治、推动协同共治提供了很好的环境氛围。

（四）发挥行业组织和公众的共治作用

协同治理的实质是：政府不能只作为社会管理的一部分；在这一过程中，行业协会和公众作为重要的社会主体，在数字经济治理中发挥着举足轻重的作用。在以互联网为代表的数字经济迅猛发展的今天，社会公众参与的广度得到了极大的提升，社会公众对社会公共管理的参与日益成为新时代社会治理的重要议题。

行业组织主要是由市场中的企业主体自发或其他主体发起组建的，目的是解决行业规范发展中存在的问题，它有着其他社会组织所不具备的优点。应该以共享单车行业、社交平台领域、网上订餐行业等数字经济新业态、新模式为重点，鼓励和支持建立相应的行业组织或行业协会，促进行业有序、规范发展。应该始终坚持问题导向，将防范和化解数字经济风险作为底线目标，促进相关行业安全运行保障机制的建立和完善，提高风险鉴别、风险分析和影响评价能力，促进构建数字经济风险防控体系，确保重要基础设施安全、重要数据安全，并防止风险向其他行业扩散。应该将行业组织的协调功能发挥到最大，将成员企业的利益进行协调，帮助成员企业提高沟通能力，比如，定期或不定期地以某个主题为中心，组织召开成员企业会议或行业发展论坛等，积极将有关的先进技术和应用模式向行业企业进行宣传，帮助企业对数字技术进行掌握、吸收和运用，为企业向数字端升级发展提供技术咨询服务，为规范行业发展组织制定行业标准。强化与外界的协作，积极掌握行业发展的最新政策和法规，将相关的信息及时传递给会员企业，并对相关的技术进行宣传，同时也要积极地将本产业的发展状况以及相关的诉求反馈给政府，做好信息共享、治理协同的工作。公民参与是公民治理的核心价值，也是社会治理的根本内容。

一方面，要对公众展开积极的引导，鼓励公众强化自我约束，注重诚信，培养公众的数字经济素养，提升公众的数字经济知识和技能，从源头上保证数字经济的良性发展。另一方面，要积极发挥公众的监督职能，让公众可以参与到数字经济的治理当中，持续提升公众对网络中虚假、有害信息的识别能力，以及对各种违法行为的抵御能力，让公众参与数字经济治理的渠道和途径畅通，共同营造一个安全、稳定、可靠、有序的数字经济发展环境。

三、数字经济治理主体的内部协同

"协同"是协同治理的核心，它不仅包含了异类主体间的协作，也包含了同一类主体内的协作。只有在相同的主体内部做到职责明确，打破恶意竞争，实现内部协同，多个主体之间才会有更好的协同共治。在此基础上，结合中国数字经济的发展和治理现状，对政府、企业和社会三方如何加强其内部协调进行了探讨。

（一）政府主体的内部协同

数字经济作为一种新的经济形式，其治理既是一种经济治理，也是一种国家治理。在数字经济协同治理中，政府是起着领导作用的，政府主体的内部协同，主要包含了中央和地方的协同、地方政府间的协同，以及政府部门间的协同。

1. 以党的领导为核心

发挥党组织在数字经济治理中的核心作用，既是切中数字经济运行逻辑与特征、打造新型数字经济协同治理格局的必然要求，又是发挥中国特色社会主义制度优势的必然举措。其核心是加强党中央的集中统一领导，实现数字经济治理的党政协同。其核心是加强中央对数字经济的集中统一领导，在数字经济的治理中实现党政协同。

2. 中央与地方的协同

中央政府与地方政府之间的关系是政府内部最重要的一对关系，要想实现数字经济政府治理协同，最重要的就是要对中央与地方的职责进行明确定义，对中央与地方之间的关系进行优化，从而让中央与地方之间的协同得以实现。

3. 地方政府间的合作

在此基础上，我们提出一种新的政府间合作机制。在中央政府的整体要求和引导下，地方政府可以相互合作、相互协调、协同发展，这样可以降低中央政府的总体协调成本，提高地方数字经济建设和发展的质量，提升数字经济总体治理水平。

4. 政府部门之间的协同

如何提高政府各部门间的协作能力，对于促进政府数字经济治理的总体目标有着十分重要的意义。

第一，对政府部门的数字经济管理结构进行了优化。数字经济的范围十分广泛，它不仅涉及相关的基础设施建设、数字技术的研究与开发，还涉及数字技术与各个行业的深度融合，它是一种具有很强的融合性和交叉性的经济形态。所以，在数字经济中，单凭一个部门是无法实现的，必须要有多个部门进行合作。但是，这一合作的前提条件是，必须对各个部门的治理责任和工作范围进行界定，并对政府内部的协同治理结构进行优化。要对数字经济政府内部协同治理架构进行重塑，关键问题在于要明确地思考，应该由哪个机构来主导数字经济治理，哪些任务或事务应该交给什么样的专业机构来主导，进而对职能分工和职能设计进行进一步的优化，从而更好地实现对数字经济发展和秩序需求的平衡。

第二，构建数字经济跨部门协同管理的协调机制。要以数字经济治理为核心，构建好部门之间的工作协调机制，尤其要构建好与数字经济发展相适应的财务、人事等工作协调机制，让数字经济的发展可以得到及时、有效的支撑。要与数字经济技术性强、对规划和监管人员的技术水平有较高要求的特点相结合，要积极推进在数字经济领域中，对政府聘任制公务员的招聘工作，同时要支持和鼓励社会专业力量参与到数字经济的治理中来。强化政府在数字经济中的执政能力，建立一支与数字经济发展相适应的公务员队伍，利用干部教育培训的主阵地，来提升公务员对数字经济与数字技术的掌握和应用能力，保证在政府中拥有与之相匹配的专业技术力量。数字经济具有很强的创新性，它是对传统产业的一次升级，甚至是一次颠覆。它在最初的发展阶段，经常会被大家所排斥和不理解。所以，要加大财政补贴力度，尤其是对终端用户给予补贴，让更多的人参与到数字经济中来，并提出相应的意见和建议。除此之外，还要提高政府部门之间的协作力度，加强它们之间的协调与合作，并构建出统一标准、及时互动的协调监管平台以及协同监管机制，避免出现多头管理、多头执法或监管盲区等现象。

（二）企业主体的内部协同

要想在数字经济治理中实现企业协同，就是要在数字经济企业之间，在数字经济企业与非数字经济企业之间进行协调，以保证全行业企业的利益最大化。

1. 在数字经济背景下，如何实现企业间的协作

第一，行业内要抱团取暖，共同发展，共同规避风险。与数字经济有关的产业，由于其具有高的知识产权和科技含量，因此在市场上的估值通常也会比较高，它是一种资本偏向型的行业，因此许多投资者都会争相进入这个领域。按照梅特卡夫定律，网站的价值是按照用户数的平方来计算的。在初期，为了能够吸引更多投资人的注意，提升公司的投资估值，通常情况下，公司会不择手段地去抢夺市场份额，并做大用户数量，甚至会对此开展大范围的价格战、补贴战，这给行业带来的直接结果就是无序竞争、恶意竞争，最终，许多公司无法摆脱倒闭的厄运。再加上数字经济的发展和变化非常迅速，许多企业主体没有现成的可以学习和借鉴的经验，所以常常是冲劲十足而后劲不足。在此背景下，数字经济中的企业应该积极构建产业间的协作机制，并在经营层次上强化协同。例如，阿里巴巴联合多家机构建立了"中

国企业反欺诈联盟""中国电商信用社区""电子商务反欺诈联盟"等产业协作机制，使企业间相互监督、相互借鉴，有效地降低了"失信"的风险。

"爱心筹""水滴筹""轻松筹"等公益众筹平台，也共同发布了《个人大病求助互联网服务平台自律公约》，从服务规范、风险管理、社会监督等方面，共同携手、共同提高募捐者的身份认证与信息核查能力。与此同时，在数字经济中，公司之间要进行战略上的互补，尽可能地寻求多个领域的合作，以防止同类型公司之间的激烈竞争。

第二，要建立一个跨行业的协作机制，实现产业的融合、数据的共享、服务的升级。数字经济属于一种融合性经济，从垂直角度来看，互联网等新技术与传统行业进行了充分的融合，从而形成了线上线下共同发展的局面。从水平上看，各个产业间的相关程度不断提高，形成了一个互相影响、互相促进的局面；从更深层次上看，在人工智能和智能制造等技术层面，在技术上持续取得突破性进展。目前，点状发展的数字经济格局已初步成型，并呈现出产业链一体化的趋势。我们应当认识到，在数字经济中，最宝贵的资源就是数据，如何更好地利用这些数据，是促进数字经济发展的关键环节。所以，要促进数字经济企业跨行业融合、上下游融合，应以数字技术和数据信息为基础，构建全产业链协同发展机制，共同将数字经济产业做大。

2. 数字型企业和传统型企业之间的合作

第一，要实现数字经济时代公司的数字化，必须实现传统公司的数字化。数字经济的发展对传统经济产生了"挤出效应"，具体表现为以下两点。一是随着数字化技术的迅速发展，智能制造、大数据分析和信息传输等向机械化、智能化和网络化方向发展，数字经济中对工人的需求量大大减少，工人需求量的减少直接导致了工人的雇佣成本下降，从长远来看，将会使公司的整体经营成本下降，相对于传统劳动力密集型公司，数字经济中的成本优势更为显著。二是由于数字经济中的供求信息可以进行即时的交流，与传统经济中的企业相比，它们的信息更加透明、更加对称，从而能够更好地满足市场的需求，更好地适应市场的变化。在与数字经济企业的竞争中，传统经济企业经常会出现市场份额迅速萎缩的情况。这种情况也直接导致了新旧两种经济行业中的企业发生了正面冲突，这给行业发展和社会稳定带来了巨大的不稳定因素。

第二是要实现数字经济与传统经济的相互促进、共同发展、共同进步。在"挤出效应"和"鲶鱼效应"并存的情况下，数字经济的发展对传统经济的发展产生了巨大影响。一方面，在当前数字经济企业的整体竞争形式下，许多传统经济企业要有一种时代的危机感，要积极地跟上数字经济和数字技术的潮流，要学习数字经济企业的好经验、好做法、好模式，把重点放在促进企业转型和业务数字化上，持续提高自身的产品和服务质量。另一方面，因为传统经济拥有多年的行业发展经验，所以与数字经济企业相比，它在各方面的制度建设和管理经验更加成熟和规范。当数字经济企业从起步阶段向成熟阶段发展时，它也要借鉴传统经济体中的良好实践经验。事实上，大多数数字经济公司已经走到了中后期，走上了正轨。

3. 在数字经济背景下，实现企业间的协作

第一，从技术上对企业的内部管理进行优化。运用先进的技术手段，可以极大地降低企业的内部交易成本，而对数字经济企业而言，因为他们本身就拥有着技术基因，所以在运用先进的技术手段上，他们是最容易做到的。例如，数字经济是一个千变万化的行业，这就需要企业管理人员、运营人员、技术人员等随时沟通新情况、作出新变化。因此，有效、便利的沟通工具和沟通机制非常重要。同时，借助阿里巴巴的"钉钉"、腾讯的"企业微信"这样的科技手段，也能在一定程度上提升公司的管理与交流能力。

第二，从管理角度改善企业的内部协同管理。对数字经济企业的内部管理进行强化，就是要在现有的管理机制基础上，对数字经济企业的体制机制进行更深层次的理顺，在对公司效益和企业责任进行平衡的前提下，对公司的管理流程进行优化，对管理手段进行创新，从而提升管理的效率和水平，降低企业的内部交易成本，实现企业内部治理的协同作用。

同时，也要建立有效的内部激励体系。从一定程度上来说，我们可以将数字经济企业的运营平台看成是一个个单独的社区，但这些社区的存在形式是虚拟的、数字化的，数字社区的作用与传统社区相同，都是为公众提供公共服务或产品。因此，数字社区的声誉和秩序需要所有人一起来维护，数字社区的治理也存在着"困境"。比如，在一个电子商务社区中，某一商家在销售假冒伪劣商品，如果不能及时、严厉地打击，那么其他商家为了自身的利益也会跟风，长此以往，必然会影响到社区的信用，进而影响到整个平台上所有商家的利益。如果有与之相对应的内部举报机制或奖励机制，比如对信誉良好、主动维护平台秩序的商家给予一定的奖励或在搜索推荐排序上赋予其优先地位，那么平台上的商家也会自觉地遵守平台的规则，从而平台上的所有商家都可以从平台声誉中获得客流和实际利益。通常，在一个社会中，都会有愿意行善，愿意为社会服务的人，因此，作为一个社区的管理者，应该制定相关的制度，给这些人以适当的奖励，去影响和感染社会中的其他人。同时，数字经济企业也要构建出与之相适应的制度，对在平台上遵纪守法、积极向上的组织和个人给予激励，从而实现平台的自我治理和自我完善。

第三，要做好风险反应的心理准备。对数字经济企业在发展和运营过程中所面临的各种不确定因素进行充分评估，并做好相应的风险防范和应对计划，这是降低数字经济企业内部交易成本的重要原因。在数字经济企业的经营过程中，经常会遇到一些不确定因素，这些因素包括了来自政府方面的政策变化，也有来自市场的突发事件，还有一些国际环境变化等输入性因素，这些因素经常会打乱或者终止企业的正常运营与发展，会导致不必要的支出。所以，为了最大限度地将这一领域的损失降到最低，数字经济企业必须具备某种风险预判和舆情应对机制，以及风险应对方案。

（三）社会主体参与协同治理

以互联网为媒介，为大量需求方提供了直接对话、直接交易、直接联通的平台，并为各类行业机构和数十亿民众提供了自然通道，使其成为数字经济治理的主体。然而，相较于政府与企业、社会组织与公民等社会主体，因信息不对称、参与渠道有限等因素，在数字经济的协同治理中体现出了较低的地位。协同治理的实质是政府在发挥主导作用的同时，也需要社会团体和社会公众广泛、深度地参与。

1. 公民主体的参与

公民主动参与是实现数字经济协同治理的关键。应当说，从整体上讲，没有公民的参与，就谈不上"协同治理"。

2. 加入行业团体

政府与社会的关系是一种十分重要的政治关系，这种关系对市民社会的形成和发展起着决定性的作用。数字经济已经深入社会生活的各个领域，对人民群众的利益产生了巨大的影响，要想把数字经济的治理提升到一个更高的层次，就需要培养并依托行业组织。

数字经济治理的机制协同

一、数字经济协同治理机制分析

（一）协同治理机制分析

协同治理机制是对协同治理机制内涵的具体运用。虽然现在协同治理理论已经逐渐受到理论界的关注，相关的研究也越来越多，但是学术界对于协同治理机制的研究还处于起步阶段，许多探讨还处于经验与实践的阶段，鲜有人站在理论的高度对其进行深入的研究。其主要原因有：一是从整体上来看，协同治理理论和协同治理模式都属于治理理论中一种较新的治理理论和治理模式，它们在我国的发展历程还很短，还处于发展初期，所以其研究基础还比较薄弱，因此，协同治理机制在我国公共事务治理中的作用还没有完全发挥出来，效果还不明显，以此为基础的理论研究也就显得比较欠缺。二是政府、市场、社会等国家的发展状况差异较大，难以形成协调一致的政府、市场、社会等多个层面的治理机制。

协同治理是一种新型的治理模式，它不仅涉及协同治理的目标、协同治理的主体、协同治理的客体等，而且还涉及协同治理的机制。而协作治理实践则是一个包括各个治理阶段的连续的过程，而要实现高效的协作治理，就必须建立起高效的协作与交流机制。因此，无论在理论上还是在实践中，企业间的合作关系都是一个非常重要的问题。一般而言，协同治理是一种随时随事的演进，在演进的进程中，不同的治理主体必须不断地进行正式或非正式的沟通、交流、互动与合作。为让多主体间的交流与合作更为顺畅，发挥出更大的协同效应，理论界要求对协同治理的运行机制进行研究，试图揭开公共管理实践中的"黑箱"，深刻认识到影响协同治理机制的关键性变量及与之关联的要素。因此，加强政府间协同治理的机制研究，不仅可以为政府间协同治理的有效运行提供实践依据，而且可以从理论上对政府间协同治理的理论进行补充和完善。

协同治理主体主要指的是运用一定的协同治理机制，对其进行沟通和协调，以保证各个治理主体可以最大限度地发挥自己的职能，从而保证更好的治理效果。尽管已有学者对其进行了一定的研究，并对其进行了归纳和总结，但仍未形成比较统一的观点。国外的一些学者，主要是以特殊案例为对象，以其为依据，构建出一个理论框架，然后运用这个理论框架，对具体的案例进行回溯分析。当前，爱莫森等学者在其著作《协作治理的统一框架》中，对现有的协同治理理论进行了较为系统的梳理与归纳，并据此构建了一个统一的协同治理模式，对该模式中的关键因素进行了界定，并对其进行了详细的分析与讨论。该分析模型强调，协同治理机制是协同治理框架的重要组成部分，其主要包括两个要件：协作动力和协作行为。其中，协作动力是影响协同治理机制的决定性要素。协作动力是各主体参与协同治理的力量来源，包括三个要素：实质参与、共享动机和联合行动能力。换句话说，构建有效的协同治理机制需要从这三个方面入手。

（二）数字经济协同治理机制的要素分析

根据对数字经济、协同治理机制等内涵的分析，可以看出，在我国语境中，数字经济协同机制指的是在政府、企业、行业组织、公众等多元主体的共同参与下，为促进数字经济的健康有序发展，各个要素之间所构成的互为关联、互为因果的联结方式和协同合作的运行方式。从本质上讲，数字经济治理的协同机理不再是单纯的静态理论，而呈现出一种普遍性的动态推进过程。在此基础上，结合爱莫森等学者关于协同治理的理论和方法，对协同治理的基本内容进行了深入的分析。

第一个是实质性的介入。协同治理的终极目标，就是要让政府、企业、行业组织、公民等多个主体，以共同的认知、共同的价值观念或存在的矛盾为基础，通过合理的、充分的、制度化的交流和沟通，彼此倾听、相互妥协，均衡不同的意见和利益，最终将问题和矛盾化解，从而实现对公共事务进行治理的目的。实质性参与要坚持"地位平等""民主对话""有效沟通""立场包容"和"充分表达"的原则。实质性的参与还可以为强化共享动机、提高共同的行动能力创造条件。实质参与是数字经济治理的关键。

第二个是共享动机。共享是高效协作的必要条件。共享动机往往与多个个体间的交互作用密切相关，并呈现出一种或强或弱的动态性。多元主体共享动机是影响协同治理成功与否的关键因素。

第三个是共同行动能力。协同治理能够实现个体独立行动难以实现的治理效应。要实现高效协同，不仅需要多方主体的实质性参与、共享动机，而且还需要保证多方主体具备"共同的行动能力"。共同行动能力是由多个因素组合而成的，它主要包含了以下几个因素：程序和制度安排、领导力、知识和资源等。其中，领导力涉及主体的能力和组织结构，知识和资源在共享动机上存在着一定的重叠，而程序和制度安排是保证共同行动能力的关键因素。如果没有制度和程序的保证，多个主体之间就不可能就能否协同、如何协同、纠纷化解等问题达成共同的治理。因此，"制度与程序的协同性"成为数字经济协同性治理机制的核心问题。

二、中国数字经济协同治理机制建设

协同治理机制的构建是协同治理取得实效的重要保证。本课题拟从共同行动保障、共享动机保障、实质参与保障、高效协同保障等四个层面，探索中国数字经济协同治理的制度构建。

（一）共同行动保障：数字经济法律和规则体系协同机制

1. 构建数字经济的法治环境

要强化数字经济的程序与制度，保证多元主体的共同行动能力，首先要对数字经济的法治环境进行完善。用法治建设的方式来维持公平的市场竞争秩序，维护各类主体的合法权益，对各种数字经济的违法和侵权行为进行严厉打击。这不仅是实现数字经济协同与共治的先决条件，而且也是实现数字经济协同与共治的关键。

2. 构建与之相适应的数字经济法治制度

健全的法制体系是实现协同治理的必要保证，因此，必须建立一套行之有效的法制体系，以推动数字经济协同治理的发展。

但是，仅仅依靠数字经济的法律保障是远远不够的，必须加强多个主体之间的法律与规则的协调。多元主体的法律协作，其关键在于明确多元主体的关系，完善相关的法律法规，营造一个有序的法律竞争环境。这既要有体制环境的维持，也要有国家公权的强制保证。

3. 构建与之相适应的数字经济监管体制

第一，对数字经济协作的监管进行了界定。因为数字经济的快速发展呈现出了新经济的特点，所以，法律监管常常难以与之匹配，因此，在各个地区对于数字经济公司的违法行为处理中也出现了一些不规范、随机化等问题。这就需要在法律上对"三包"的认定标准、规范等问题作出明确的规定，并为"三包"的实施提供一个统一的依据。标准的协同还包含了技术层面的协同，特别是在大数据的应用中，标准化的统计口径、接口、计算方法，对数据的高效使用以及各主体的有效协作起到了非常关键的作用，同时还能够有效地降低由于各企业数据标准不对称所造成的监管障碍。为解决上述问题，应从政府和行业机构两个层面进行统一和协调，并建立统一的技术标准和规范。标准协作性的具体表现为：在法规中引用标准，为法规的执行提供支持，按照法规的要求构建标准系统。

第二，建立合作经营的法规制度。数字经济是一种自组织的经济，要想维持其秩序，就必须要建立一个健全的制度。协同企业规则和法律体系，重点指的是将数字经济企业的规则与相关的法律法规进行有效的链接和协同。同时，利用自身所积累的各种海量的交易和行为数据，数字经济企业可以为用户提供相对准确的数据支撑，从而可以对相关事件进行比较清晰的预测或者判断，持续地对自身的运行机制和运行制度进行改善，降低人为的干预和事后的解释。企业也可以在每一次交易行为发生之前，就将规则的具体内容和合规方案传递给规制对象，在一定程度上实现了规范适用的自动化，从而避免了解释和适用不确定性给规范落地带来的困难。在对法律进行修订和完善的时候，要注意对数字经济企业的规则加以吸收和借鉴，将一些企业规则中的有效经验融入法律的层面上，并加以推广。

第三，建立以各社会团体为对象的合作管理制度。在数字经济中，由于涉及的主体是多个，因此，必须构建一种激励机制，以促进公民的参与，同时也必须构建一种约束机制，以防止其滥用。另外，还应建立规范制度的长效监管机制。以对数字经济中的风险进行控制为目的，以关键业务环节管控、业务流程整合、工作标准统一、管理建议书等形式，构建一套常态化规则监督工作机制。此外，还应制定共同的数字经济管理办法。越是规模大、越是复杂、越是持久的协作网络，对合作协议和监管机制的要求就越高。

（二）共享动机保障：多元主体信息公开与信息共享机制

信息共享是多主体协作治理的内在机制，是有效防范、发现与解决问题的关键，是实现协作治理的先决条件与推进的主要动力。信息共享的主要目标，就是要打破各主体所拥有的信息资源的孤立状态，把促进数字经济的创新发展和市场、社会的需求作为一个方向，从而达到高效、最大化地共享信息资源的目的。威廉姆森指出，信息共享可以有效地缓解人们的有限理性，限制人们的机会主义行为，并且随着信息的增加，人们做出的决定也会更加合理，从而更有利于实现合作。

1. 信用信息建设与共享

第一，要突破政府部门的信用信息壁垒。我国司法机关、银行系统、市场监管部门、税务机关、公安机关、文化旅游机关等部门均拥有自己的信用信息，但是，因为系统间的异构以及部门间的限制，使得信用信息的共享面临着很大的困难。目前，由国家层面主导的"全国信用信息共享平台"已经在国家电子政务外网上完成并运行，这为促进各部门之间的信用信息共享提供了一些条件。但是，这种信息共享仅限于政府部门之间，其他的市场和社会主体不能进入这个网络，也不能获得相关的信用信息，只能到各部门去寻找和获得相关的信用信息。所以，要将重点放在构建一个全国范围内的统一信用信息平台上，而不是单纯地共享信用信息，而是要对各个部门的信用信息展开专业化和标准化的处理，针对不同规模、行业的企业，采用不同的标准，这样不仅可以保证信用信息的完整性、针对性，还可以提供查询使用的便捷性。加快信用信息的分门别类，明确哪些可以在政府监管部门之间共享，哪些可以向市场和社会开放。

第二，推进数字经济领域企业的信用信息交流。目前，以通信运营商、电子商务、互联网金融、网约车、在线社交平台等为代表的数字经济公司，其所拥有的交易及个人信用信息日益增多，已经逐步构成了信用体系的一个重要组成部分。例如，许多电子商务平台和移动支付企业会根据个体的消费情况和信用记录，授予每个个体不同的授信额，个体可以先购物、后支付。又例如，阿里的"芝麻信用"已经开放了"信用签证"的功能，当用户的积分达到一定程度后，就可以不需要提交任何证件来申请"信用签证"，这在某种程度上也让"公民"的出境变得更加容易。为此，政府部门与数字经济企业应加强协作，并鼓励企业将部分信用信息向政府、行业协会甚至社会进行公开和共享，从而共同推进数字经济的治理。

2. 实现信息资源的共享和公开

第一，建立信息资源的共享机制。在数字经济中，数据与信息是最为关键的要素，而大数据管制则是未来政府管制的主要手段。面对当前数据的孤岛现象，政府应在法律上明确数据的属性、所有权和用户隐私的保护，并在不同主体之间建立数据资源的共享关系、建立数据共享的机制和通道。在政府层面上，要带头开展数据公开工作，并在法律上对公开的类型和程度进行界定，同时，从行政管理、数据质量和技术管理等方面出发，制定出一套规范的数据传输过程。

第二，加强政府之间的信息资源共享。政府拥有庞大的基础数据资源、公共信息以及所有企业和个人的信用数据信息，从某种意义上来说，政府拥有的是全社会的全量数据资源，而企业拥有的仅仅是与自己相关的一小部分数据资源。所以，政府拥有的数据资源对于促进数字经济的发展和协同治理来说是必不可少的。要推进政务数据资源的开放，必须从实现政务数据的共享开始。共享指的是以互联网为基础，通过网络平台，促进各个部门之间已有的相关数据信息的交流与共享，从而实现政府监管与服务信息的互联互通与共享。政府信息资源的共享，一方面可以缓解各部门间的信息交流障碍；同时，政务信息资源的共享，也将成为产业发展的新的增长点。目前，在党中央、国务院的推动下，政务信息资源共享有了较大发展，以国家电子政务外网为基础的全国政务信息资源共享交换平台已经基本完成，已经具备了推动政府信息资源共享的技术条件。但是，其中最大的问题是，各个部门之间的信息共享存在着质量不高的问题。一是资料更新速度慢，需要由需求部门反复申请，反复催促才能获得资料；二是信息共享不够充分，由于各部门为了自身的利益，只能向用户提供部分领域的信息，使得用户不能获得完整的信息，必须重新申请；三是数据的可读性较差，各部门一般不让用户直接阅读数据库中的资料，仅能得到经过处理的资料，用户即便得到了资料，也要经过一系列的技术处理才能获得。所以，要着重于政府数据共享平台的建设、共享标准的建设和共享机制的建设，在建立一个统一的数据共享平台的基础上，对数据共享的质量、频次和更新要求等进行进一步的规范，以保证数据的有效使用。

第三，要加大政务信息资源的开放力度。政府公开数据的最大价值在于其对经济的推动作用，尤其是在数字经济中。政府数据开放有三种类型。一是能够对社会进行无差别开放的，这一类型的数据包含了国家方针和政策、经济发展情况等。二是非公开的，包括个人的健康状况和档案资料。三是对企业具有一定的开放性，比如基础设施布局等。政府可以通过向企业提供相关信息，使其能够在一定程度上实现新的应用，从而提升政府的管理能力。在开放数据的进程中，政府应根据目标的不同界定数据的开放范围。同时，政府应积极利用网络数据公开平台，将数据公开给社会，提高市场与社会对数据资源的便捷性。加强政府信息公开工作，提高信息公开工作的质量。政务数据开放是指政府通过信息技术平台，主动为公众提供无需特殊授权、可被机器阅读、可再利用的原始数据。所以，政府不仅要公开这些资料，而且要保证这些资料是可以直接供企业阅读和使用的。

第四，推动企业信息资源的开放性。在数字经济企业的运营过程中，也会创造出大量的数据资源。此外，许多企业往往拥有一定的行业垄断地位或是行业龙头，所以，它们的数据资源就成为重要的行业数据资源。从某种意义上来说，由于大型数字经济企业是众多市场、社会主体的重要撮合交易方，因此，它们所拥有的相关数据资源要比政府拥有的更加全面，也更具权威性。具体而言，一是推进企业数据资源与政府部门的共享，在数字经济环境下，作为行业监管的主体，企业拥有关键的交易、运营数据，如果没有企业的合作，政府很难获得这些数据并对其实施有效的监管。要推动企业将运营数据、监管数据等与维护市场秩序有关的数据，主动与政府监管部门共享，确保政府可以对企业的运营情况和潜在的运营风险进行实时了解。二是要在适当的基础上，对企业数据进行市场化、社会化，并鼓励其他企业利用已公开的数据，开展其他增值业务。

（三）实质参与保障：多元主体协调与利益平衡机制

1. 基于不同治理目标的领导层协同机制

如何构建高效的领导协同机制，是实现多主体在数字经济协同治理中有效协作的关键。在这里，领导协同机制与通常所说的平等协同机制有很大的区别。由于数字经济所涉及的领域较广，治理对象也比较复杂，不同的治理主体在面对不同的治理对象时，所发挥的作用也不尽相同，因此很难做到各个协同主体的绝对平等。所以，在具体的数字经济领域中，要对各个协同主体的职责、具体的协同的形式、协同运行的规则等进行明确，而且要有重点地发挥不同主体的牵引作用。

第一，建立"自下而上，以企业为牵引"的领导协同机制，以适应现代信息化的发展。在数字经济的高速发展中，信息技术起着举足轻重的作用。企业作为市场主体，是经济体系中的基本单位，因此，推动数字经济高质量发展，关键在于企业。在数字经济环境中，技术创新已经成为一个企业生存与发展的根本。从现实情况来看，企业因为自身生存发展需要、靠近市场了解市场、激励机制比较灵活等原因，也是实际上的信息技术研发和应用主体。为此，在数字经济环境下，应采用"以企业为主体"的协同治理方式。企业的研发方向、技术路线以及应用场景都掌握在自己手中，因此，政府要鼓励企业牵头，建立各种技术研发实验室，针对前沿技术开展联合研发。在政府方面，主要通过资金、政策和人才引进等方式来提供支持，并且要做好对知识产权的保护，以维护市场的公平竞争。社会团体应致力于促进建立企业联盟，并制定相应的标准、规章，为企业的共同研究做好协调服务。社会公民要及时对新技术的应用情况进行反馈，从而促使企业持续地提高自己的研发实力和产品质量。

第二，建立以政府为主导的、由上而下的、对数字经济的基础设施与资源进行管理的领导与协同。数字经济基础设施和基础资源具体包括了重要的网络设施、数据资源、云服务平台等，它们是数字经济赖以发展的重要支撑要素。数字经济的基本结构与基本资源具有两大特点。一是非排他性，即在一定意义上，基础设施、基础资源是一种公用资源，一个公司对其进行利用，不会对其他公司产生任何影响。二是非中立性，数字经济是从信息技术发展而来，但在实际运作过程中，信息技术却表现出某种程度的非中立性。所以，政府要在数字经济基础设施和基础资源的协同治理中起到一个牵引的作用。在维持正常的市场竞争秩序的同时，要加强法律、法规和规章制度的建设，让各种设施、资源和数据尽可能地向社会开放，并从法律上强化对关键信息基础设施的保护。要加强战略性计划的制定与引导，统筹推进重大基础设施与基础资源的建设与分配。企业主体应尽可能遵循技术中立的原则，将自己的数据资源向社会开放，并在此基础上做好个人的隐私保护与数据安全。社会团体应加强与社会各方面的沟通，推动公共基础设施、公共资源的标准化、规范化建设。

第三，以平台经济为代表，建立以中心辐射为核心，以政府为主导，以企业为主导的领导协同机制。平台经济作为数字经济的一种新的表现形式，在理论与实践上都有很大的发展。平台经济也是一个"人人是卖家、人人是买家、人人是媒体"的新时代，它的准入门槛比较低，各种主体的素质也是良莠不齐，消费者权益被侵犯的事件时有发生。除此之外，在电子商务、网约车、移动支付等方面，与数字经济有关的公司都呈现出了自然的垄断性。由于平台越大，它所提供的信息就越多，所带来的经济效益也就越高，因此，这种垄断是它所固有的特点，虽然社会各界都对这种垄断感到担忧，但是从整体上来说，消费者还是乐于看到这种垄断的。

2. 建立了一种多方利益制衡机制

数字经济协同治理的终极目标是提高社会公共利益，推动数字经济的健康发展。然而，由于数字经济治理主体的多元性，导致了数字经济治理主体的利益具有多样性。当不同的社会治理主体在追求自身利益最大化的时候，必然会与社会整体利益或其他治理主体的利益发生冲突。所以，在数字经济中，协作治理的最终目标就是要以协作的形式来实现各自的利益，这就要求构建一种能够保证全局利益与局部利益协调一致的机制，从而保证总体治理目标的实现。其中，利益均衡机制包含着两种内容：一种是群体利益与个体利益的均衡，另一种是各主体之间的利益平衡。利益均衡的理想状态，就是各治理主体在保证总体利益的前提下，既要确保整体利益，又要保证自身的利益。但是，在实际生活中，整体利益与个体利益经常会发生一定程度的冲突，并且很难同时得到满足。因此，各个协同主体也会表现为更多地关注自己的利益，而忽略了社会和行业的整体利益。此时，就有可能会出现打着协同合作的旗号，谋私利的现象。在数字经济这方面表现得尤其显著，尤其是当前，我们对数字经济总体上采取了包容审慎的监管原则，因此政策尺度相对宽松，数字经济发展速度较快，企业主体在其中获益更大。然而，因为信息不对称和技术壁垒高，数字经济各协同主体在管理治理能力方面存在较大差异。这主要体现在，由于拥有更多的数据以及更好的技术手段，企业主体在管理治理方面的优势更加显著，而政府的监管和治理往往相对落后，甚至还表现为手段不足。与此同时，在数字经济快速发展的背景下，企业主体在短期内有一种不择手段快速赚钱套现的冲动。在此基础上，本文提出了一种"以人为本，以社会为本"的新的治理模式。

　　要做到这一点，必须兼顾各方的利益，并在各方的共同努力下才能达到利益的均衡。一是谨慎接纳并不等于放任自流，而是要采取一些硬性措施，如出台一些相关的政策、措施来强化对企业的监管。二是大力推进和培养数字经济行业组织，发挥其专业、组织、协调等特点，使其更好地发挥其对各方利益的调节作用。三是企业主体必须在获取利润的同时，担负起社会责任，尤其是各种类型的平台公司，它们的迅速发展，不仅需要政府的宽容，更需要市场主体的信赖，更需要市场主体的监督，而不仅仅是一个向市场主体收取"过路费""流量费""驻场费"的中间机构，更需要对市场主体的违法违规行为加以规范，并对其所造成的不良后果承担相应的治理责任。与此同时，因为不同的治理主体在权力大小、自身能力和资源占有等方面都存在着一定的差别。因此，就会出现某些治理主体权力相对更大、优势地位相对凸显等现象。强势主体有可能会利用自身的优势去压制其他主体，甚至为了实现自身利益需求而牺牲其他主体的利益诉求。所以，要通过一定的制度安排，赋予各个协同主体相互监督、相互制约的权力，在促进合作的过程中，又要相互妥协，保证各个协同主体的合理利益不会受到侵犯。

（四）高效协同保障：大数据技术手段应用机制

1. 以技术为基础的管理工具来管理数字经济的逻辑

　　第一，以效率为基础的技术治理。技术管理方法的研究与开发，一方面是以企业为主体进行的。公司在进行 R&D 研究与开发的时候，所要考虑的最重要因素就是公司的管理成本与收益。为了降低管理成本，并节省自己的资源，企业主体通常会选择大众化、标准化、市场化程度较高的技术路线，以便使自己的技术架构可以与上下游企业进行互联。另一方面，在互联网等数字技术特有的激励机制的作用下，公司会持续地推出新信息、新服务和新体验，以此来刺激大众增加点击量，增加流量，进而获得更多的广告收入和增值利润。这种依赖于大量资讯产生与传播的盈利模式，使得许多公司将注意力集中在了"吸引眼球"的资讯上。因而，采用技术管理的方法来满足这一盈利模式的需求。

第二，以权力下放为逻辑基础的技术管理。一方面，互联网自创立之日起，就存在着"分组网络"这一概念，每个人都可以成为网络的拥有者、参与者，互联网上众多结点都参与网络活动，并在某种程度上参与了网络的管理，并形成了一定的集体决策。这一网状的组织架构，造成了组织系统丧失了实体的核心节点以及单一主体的集中式管理，缺少了技术土壤与物质基础。同样的，数字经济也模糊了消费者和供给者的边界，使得每个公民、每个企业都可能是消费者，也可能是服务和产品提供者。因此，每个主体都会从维护自身利益的角度出发，积极参与到数字经济治理中。同时，任何一家数字经济企业所掌握的数字技术都依赖于其他企业所掌握的技术。多家数字经济公司强强联合、协同合作的运营模式，使得数字经济的治理呈现出"分权"的特征。

第三，技术治理具有自我约束的内在逻辑，是一种自我约束。随着现代信息技术的发展而产生的信息权力，对国家行政权产生了一定的影响，这种影响促使我们根据现代信息技术的发展需求，对自我管理的规范进行了探讨，并构建起了自我管理的秩序。在数字经济背景下，随着大数据技术的不断发展和应用，数据对于社会治理的重要性日益突出，利用数据进行事件趋势预测和关联关系发现，已成为一种重要的治理方法。具体而言，一是企业是技术治理的主体，其治理的客体也主要是企业，因此，在数字经济治理中，技术治理主体和被治理客体之间形成了一个封闭的空间，满足了自我约束的需要。二是企业、行业组织等基于行业特征及 IT 发展规律而制定的技术治理标准，其制定主体对其最熟悉，也最符合行业自律的逻辑。

2. 基于大数据的数字经济协同治理实施机理研究

第一，从"大数据"出发，构建"数字经济"的"大数据治理"概念。

大数据治理以"数字治理"为核心，是互联网治理的基础，它既丰富了公共治理的内涵，又拓宽了治理的途径。"再整合"、"基于需求的整体性"和"数字化转型"是数字治理理论的三个主要主题。

第二，提高了资料的智能分析和运用。以大数据为基础的数字经济协同治理，必须更加注重智慧化。其中，感知物联网、移动互联网、大数据分析和云计算等技术是实现智能控制的关键，而对后端数据的分析则是关键，其分析结果将会直接影响到决策的效果。

第三，重视在大数据环境下进行智能决策。大数据环境下，政府决策必须由依赖直观判断、基于领导经验的决策方式转变为数据驱动的决策方式，才能实现政府管理现代化，提升政府决策的科学水平。政府部门应培养"数据是什么"的思维方式，将以往的"随机应变"转变为"数据决策"，确保大数据的价值得到最大程度的发挥。在此基础上，构建"收集数据—定量分析—找到它们之间的联系—提出最优方案"的决策流程，利用数据信息调用和云计算技术，探索数据之间的联系，寻找事物之间的内在联系，从而提升决策的工作效率，创造出更大的科学决策价值，促进决策的科学性和权威性，促进治理过程的精细化。在数字经济中，技术和行业发展变化迅速，数据量巨大，许多情况下，数据仍然是分散在不同的主体手中，这就导致了监管部门经常很难在短时间内获得有效的数据，并对其进行有效的监管。运用大数据技术，对数据进行分析、抓取和比对，发现问题并提出对策，是实现数字经济协同治理的一个重要途径。与此同时，在大数据时代，包括普通公民在内的多元主体将会越来越多地参与到数字经济的治理过程中，因此，每一个个体都会是一个潜在的数据源，而数据的积累也在一定程度上保证了数据决策结果的可信度。除此之外，还可以充分发挥企业收集数据并利用大数据来优化内部管理流程、提升精细化管理水平、应对和预测市场等方面的优势，同时，也可以充分利用大数据，为智慧治理提供数据和技术支撑。

第5章 智能化数字经济的构建

区块链与人工智能加速数字经济发展

一、区块链加速数字经济发展

无论是互联网的诞生，还是"互联网+"的应用，都让我们体会到了一种从未有过的便利。在互联网的支撑下，数字经济为我们的生活带来了极大的便利，可以说，人们在家里就可以感受到这一点。而现在，我们所讨论的区块链，很有可能会成为另一项技术，会让我们的生活变得更加便利。

（一）区块链概述

区块链是一种新兴的计算机技术，包括分布式数据存储、点对点传输、共识机制、加密算法等。共识机制，就是在区块链中建立信任、获得利益的一种数学算法。

（二）区块链下的市场经济

简单来说，区块链就是利用了上述的技术进行去中心化，在不同节点之间建立起信任的一种数字算法。例如，A 与 B 进行一场交易，A 向 B 支付了对应的货币，假如它是真实的货币，那么它有可能只有 A 和 B 两人知道，有可能 B 不承认 A 付钱了。假如它是用数字货币进行转账，那么它只有 A、B 和平台知道，而且平台的数据有可能被篡改。区块链原理就像是 A 付钱给

B 的时候，A 告诉参与区块链的所有人我付给 B 多少钱，B 也告诉参与区块链的所有人我收到 A 多少钱，其他人就会记录下这一笔交易。如果一方不承认对方已经支付了，那么另一方和其他人都能证明这笔钱已经支付了。所以，区块链保证了数字经济的安全性，它建立了一个更可靠的互联网系统，从根本上解决了商品交换与经济转移中出现的欺诈、敲诈问题。在数字经济时代，区块链构建了点对点之间可靠的信任机制，它消除了中心化和中介机制，让价值传递变得更有意义，同时还能保证数据的一致性，不会被篡改，数据的存储也变得更加可靠。所以，在区块链之下，数字经济将会更安全。

(三) 区块链发展前景

1. 虚拟货币在区块链中持续生成，并具有与之对应的价值

自从有了区块链技术，虚拟货币就不断地被创造出来。虚拟货币的产生是由于区块链的信任机制。由于区块链是去中心化的，所以需要每一个参与者提供记账服务，而记账不可能是免费的，于是就有了对记账人员的奖励，就有了虚拟币的诞生。而现在，最流行的就是比特币、以太坊、瑞波币、莱特币等。而且最近几年，在国内也有了一些虚拟货币。2010 年，10 000 比特币能换 30 美元，到现在 1 个比特币能换 1 万美元，可见，虚拟币的发展空间很大，价值也很高。

2. 可以将区块链技术应用到企业中，以提高工作效率和降低工作费用

当前，企业的实际应用主要集中在数字货币领域，而且数据是在企业的服务器上存储的。但是，如果是大型企业，所需要存储的数据就会变得非常巨大，就需要更多的服务器来提供稳定的服务，而且还要对服务器进行维护，这就需要大量的人力和物力。因此，在将来，很多传统的公司都会利用区块链的技术来减少成本，提升效率。

3. 将区块链和云计算、雾计算相结合，为用户提供数据处理的加速服务

将区块链技术与云计算、雾计算结合起来，为更多的人提供加速服务，

可以让更多的人受益。现在，已经有一些公司在进行这项工作，他们将人们需要用到的互联网服务、文件等，利用区块链技术结合雾计算，将其存储到相关的硬件中，当需要该文件的时候，可以在附近提供传输，从而减少等待的时间。将来，这种服务将更能体现出它的价值，为我们的生活带来更多的便利。

4. 区块链的应用为产业的发展提供了可靠的数据支撑

现在，银行、医院等每天都要保存大量的数据，而且这些数据还有可能被篡改。对于银行来说，所保存的数据关系到更多人的切身利益，所以数据的真实性和可靠性就显得尤为重要。因此，区块链在这些行业的运用，将会发挥出它最大的作用，提供最真实可靠的数据。

互联网时代给我们的生活带来了极大的便利，而区块链的出现将会保障我们在数字经济时代的经济安全，它还带来了其去中心化的数据存储，为更多的企业提供了真实、可靠、不会被篡改的数据，从根本上解决了商品交换与经济转移中存在的欺骗、敲诈问题。所以，在数字经济时代，区块链技术的应用将为人们的生活带来更多的安全保障。

二、人工智能加速数字经济发展

当前，人工智能已经逐渐渗透进各个领域，并不断为行业赋能。在数字经济中，人工智能相关技术的应用逐渐改变着医疗、金融、零售、交通、家居、人力资源等多个领域，为传统行业实现跨越式发展、新业态的生成与成长带来了强大的推动力。

（一）智能医疗

目前，智能医疗主要应用于医学影像、虚拟助理、健康管理、药物研发等产业领域。

医学影像主要为解决现阶段医疗资源匮乏、医疗工作人员工作强度大等难题，开发出能够自动识别、自主确认的智能医学影像。

虚拟助理意在进一步为病人提供便利，以硬件和软件两个形态对传统医疗模式进行改善，从而促进语音电子病历、导诊机器人和智能问诊 APP 领域的发展。目前，主要合作模式为医院主动要求、人工智能公司按需定向开发。此类产品在技术、政策层面几乎不存在限制，尚未大规模投产是因为存在医疗数据"孤岛"和病人对于机器信赖不足等问题。

健康管理相当于身体健康管家，包括健康状态监测、疾病发生预测、全方位管理健康。

AI 赋能药物研发主要应用于药物研发流程中的寻找适应证环节，通过建立寻找模型，基于海量适应情况数据，高效寻找药物对应的适应证。AI 药物研发需要一定的时间周期，目前国内国际均无成功企业，主要受限制于数据缺乏、算法精准度不足等方面。

（二）智能金融

智能金融可以替代高成本的数据分析师和理财经理，赋能行业核心业务。

智能投顾取代的是投资顾问的角色，通过 AI 对于传统投资顾问领域赋能，经过精密的智能分析降低投资门槛、优化服务方式、增加服务内容、降低管理费用，从需求端和供给端同时发力。2015 年以来，智能投顾受到了各大资本的普遍关注，纷纷投入相关项目，带动投融资金额几何倍增长。

风险控制是金融行业的心脏，AI 赋能金融风控，有助于推动金融风控进行流程再造，促进科技金融更迭。智能风投可以通过搜集数据、行为建模、用户分析和风险定价四个环节，自主运算得出风控评价，蚂蚁金服、京东金融都在这方面有较出色表现。

投研是完成数据到结论的过程，AI 主要赋予投研从搜索、提取、分析到观点呈现的全流程新技术、新能力。现阶段智能投研企业可分为两种：一种是纯技术提供者，代表企业有萝卜投研、数库科技、文因互联等；另一种是基金公司自身的尝试，如天弘基金、嘉实基金、华夏基金等。

（三）智能零售

在零售仓储环节，通过对销量数据的计算和预测，企业管理者可以科学选定枢纽的数量、位置，合理安排配送规划及路径优化，如京东智慧供应链使用人工智能建设备货、调拨及物流管理、业务监控预测、库存管理、客户关系管理等多项系统，方便了京东对于整条供应链的把控，从而更好地应对日趋复杂的销售市场。

智能零售的优势在销售环节突出体现在精准营销与个性化推荐方面。在零售端口，根据消费者的基础行为，通过一系列智能模型的自主推算，构建全方位画像，明确消费者心态、喜好，并形成一客一卡的清晰研判，在极短的时间里匹配消费需求，再以点对点的方式精准推荐商品，有效提高消费者黏性。

人工智能的全面应用将实现零售购物的定制化个人服务，包括虚拟导购、机器客服、无人配送物流服务等。智能无人商店逐渐成为各路企业争抢的新据点，沃尔玛、伊利、娃哈哈、北京居然之家等企业纷纷加入无人商店布局，无人商店的市场规模也呈现井喷式增长。

（四）智能交通

在交通领域，AI 运用各类感知手段数字化重构产品使用、生产、维修等各个环节。

驾驶辅助系统是 AI 交通出行的重要支撑。随着全方位的产业提升，系统在智能感应、智能交通、智能计算平台、信息控制等方面不断迭代升级。国内重点车企和大型互联网企业都在紧锣密鼓地布局，如长安、吉利等。

智能产品维修优化是针对运行状态信息，通过大量数据收集及研判、综合评估，为交通产品在生产和后续维修环节提供支持，减少故障反应时间，甚至避免事故发生。

（五）智能家居

AI 赋能家居行业，主要改变家居生活的温度、舒适度、客观度，让自动化的机器设备依托智能技术形成系列个性化生活体系，实现人与机器、机器与机器、机器与环境相互交融学习。

安防监控是人工智能最先大规模产生商业价值的领域，成为许多 AI 技术研发公司的切入点。伴随着平安城市和智慧城市建设，AI 技术在安防领域的应用在全国推广，例如上海南站上线"依图蜻蜓眼人像大平台系统"，安防从传统模式迈入智能新时代，从事后查证向事前预警前移。

AI 赋能在机器与人互动交流中，让人类语音成为机器能够使用的数据资料，机器接收数据资料进行自我分析，完成应用环境学习。智能音响成为智能语音互动最落地的产品载体，满足不同需求的音响品牌层出不穷。

（六）智能人力资源

AI 赋能人力资源，主要是利用自然语言处理、多帧图像识别以及情绪识别等技术，构建以人才和企业为核心的知识图谱，然后再利用构建的知识图谱及逆行对比或分析处理，最终生成人岗匹配结果或分析报表。

在招聘平台的基础上进行人工智能赋能，在解决原有行业人与企业信息不对称的基础上，提高了企业的筛选效率与 C 端人才的黏性——通过面对企业客户精准推荐人才，并提供人才画像；面对平台用户精准推荐职位的能力评价与薪酬定位。

区块链与人工智能技术的融合

当前，以人工智能、区块链、大数据和云计算为代表的新兴信息技术，已成为中国数字经济发展的新动力。人工智能是新一轮工业革命的主要驱动力量，对实体经济起到了巨大的推动作用，其开放性创新已上升为国家战略。

一、AI 与区块链融合机理分析

人工智能是基于数据的，而区块链则是基于数据的一种存储方法，也就是所谓的"超级账本"，将数据的智慧表现得淋漓尽致。所以，这两种都与数据紧密相关的技术可以被有效地结合起来，互相取长补短，从而实现技术的提升。

区块链技术具有分布式、公开透明、可追溯、难以篡改等特点，与数据分布式存储、点对点传输、共识机制、加密算法等技术相结合，可以提高人工智能所使用数据的真实性、关联性和有效性，从数据、算力和算法三个方面来提高人工智能的技术水平，对人工智能的合作模式和计算范式进行创新，建立起一个人工智能的新生态。

人工智能具有智能化、自动化的特点，通过对 AI 算法的优化和模拟，可以促进区块链的自然进化、数据整理，并且可以有效地防止区块链节点分叉，可以更好地处理区块链的运行、智能化、提高效率。比如，人工智能可以将传统的智能合同转化成智能合同，从而有效地解决合同的安全性、易用性和可靠性等问题。与此同时，通过"联合学习"这一非中心化的方法，可以有效地解决区块链中存在的信息冗余问题，从而极大地提高了区块链的可伸缩性和效率。

二、AI 与区块链融合关键点分析

（一）AI 数据共享

目前，人工智能行业对海量数据缺乏统一、有效的共享机制和管理方法，且开放源代码数据集维护能力不强，导致了数据质量良莠不齐、数据集中度和一致性不高。除此之外，在对人工智能进行训练时，所需要的大量数据大多集中在政府和大公司的内部，受监管和商业门槛等因素的限制，这些因素造成了数据的流通性差，获取困难，这对中小企业发展人工智能的速度造成了很大的限制。另外，当一个有智能的个体在进行决策时，必须要获得大量的实时信息以供参考，否则，这样的智能将会是一个有限度的智能。

基于区块链的分布式数据库能够实现多个节点间的高效数据共享，使整个网络中的每一个参与方都能够获得这些数据，从而为人工智能提供了更加广阔的数据接入范围和更加高效的数据定价机制。首先，以区块链为基础，构建一个以信息与数据交流为基础的非中心化数据共享平台，其更新与记录不受任何一个权力机关的约束，而是由多个智能体协同协作来实现。其次，利用区块链进行数据认证，有助于构建更清晰、更有条理的个体数据，从而为数据整合带来更多的便利，从而促进新的数据市场的形成。最终，通过开放、共享、实时的数据分析，提高机器的预测与评价的准确性，形成更为可信的算法模型，从而进一步提高人工智能的整体技术水平。

（二）AI 算力供给

算力问题是目前人工智能产业面临的一个重要问题。随着互联网数据的成倍增长，算法的复杂性与精确性不断提高，人工智能的参数数量已经达到了千亿级，训练样本的数量也达到了万亿级，这对计算能力的要求也越来越高。一般的人工智能技术公司购买 GPU 等硬件设备都要花费上百万元，这对于大多数中小企业而言都是一笔巨大的开销，因此造成了"算力不足、成本昂贵、难以获得"的局面。

区块链分布式计算可以将大型 GPU 或 FPGA 服务器集群、中小型企业闲散的空闲 GPU 和个人闲置 GPU 作为计算节点，通过共享计算资源，为人工智能提供算力供给。比如，在迅雷公司的区块链技术下，迅雷公司的"玩客"云平台上，用户可以共享网络上的带宽、存储、计算等闲置资源，尽管单个设备的算力很少，但是累积起来的算力却是非常庞大的。

另外，若能将部分专用芯片 ASIC 的算力分配给人工智能，并将矩阵式、卷积等算法引入 POW 一致性，则可实现基于 ASIC 芯片的人工智能分布式加速。或者使用一种对 AI ASIC 芯片友好的 POW 算法，这样当一个矿机处于空闲状态或被淘汰状态时，就可以被用来进行 AI 加速。比如，钛星区块链就有一台专门为计算而设计的机器，在比特币大跌之后被抛弃，但经过加工之后，它依然可以为人工智能提供计算能力，这就是人工智能机器的诞生。

（三）AI 算法共享

目前，人工智能市场有着巨大的需求，但是在算法方面，不管是在技术方向还是在专业领域，人工智能算法的研发门槛以及对人才队伍的要求都比较高。目前，只有极少数的几家公司能够满足这些要求，但是对大部分公司而言，要想开发出个性化的产品，需要有很高的技术和充足的资金保障，这使得小型公司想要自己进行开发变得非常困难。另外，目前大部分企业从开放源码社区获得的程序算法，在实际应用中存在着规则较多、版本自适应不足等问题，极大地制约了应用的灵活性和创新性。在以开放源码为基础的环境中，如果对自己拥有的知识产权的代码进行管理，可能会导致知识产权的泄露。

借助区块链的分布协同特征，我们可以构建一个任务分发平台，通过群体智慧对人工智能算法进行优化，并通过多个专家对算法进行修正和维护，从而实现算法的共享。另外，在此基础上，我们还可以建立一个算法交易市场，让用户可以在其中发布任务，购买算法模型，从而在保护知识产权与隐私的前提下，对开发人员进行激励，同时也能极大地降低人工智能的使用门槛。

（四）区块链算力提升

区块链采矿对计算能力、电能等方面都有很大的需求。现在，比特币一年耗电大约25.5亿千万瓦特，相当于许多小国一年的用电量。在POW一致性及哈希算法中引入了人工智能技术，可以极大地提高算法的效率，降低功耗及能耗。比如，新创企业Matrix利用AI将POW与POS相结合，运用分层的共识机制。首先，通过随机聚类算法，在整个节点网络中产生多个小型集群，并主要以POS机制为基础，选举出代表节点。之后，再由选举出的代表节点进行POW竞争记账权，与全节点的竞争记账方式相比，它可以极大地减少能源的浪费。另外，该智能系统还可以通过判断某一节点的优先级来提示采矿者寻找另一条路径，以减少总体运算量。而且，将人工智能技术中的能耗最优技术运用到区块链中，还可以进一步减少开采过程中的硬件投入。

（五）智能合约安全性与易用性

跟任何其他编程语言一样，智能合约也存在着被黑客利用的安全性问题。而且，它的去人工干预的特征导致了漏洞无法在线上进行修复。这就会造成更严重的问题或连锁反应，出现错误的代价是很大的，比如The DAO攻击事件、以太坊Parity钱包攻击事件、美链BEC攻击事件等。同时，由于其不可篡改性和可更新性的特点，智能合同实质上只是一组确定的、由多个输入和多个反馈信息组成的复合决策，在实践中缺乏灵活度，所以目前的智能合同存在着不智能化和易用性等问题。

安全方面，在智能合同构建过程中，利用人工智能辅助的形式化证明技术和动态约束检测技术，在代码编制阶段就可以主动挖掘出代码和合同中的缺陷，实现智能合同安全的自动化检测。另外，利用人工智能产生式对抗网络（GAN）具有博弈性的特点，将其引入智能合同中，在合同生效之前，通过持续的自身攻防测试，寻找合同代码中的漏洞，从而大大提升了合同的安全性。

在易用性上，普通的用户可以使用中文等自然语言，在图形化的界面和互动的指引下，输入交易的目标和条件，然后 AI 将人类的自然语言翻译为相应的文字，并将其转化为智能合同，从而自动生成有效的智能合同。同时，利用人工智能对大量合同样本进行深度挖掘，使其能够处理更加复杂的合同。例如，世界上第一个以智能合约为基础的人工智能会话服务平台，其本意就是让所有人都能通过自然语言使用区块链和智能合约。

（六）区块链运行方式

由于区块链本身的加密属性，必须利用其数据在计算机上进行交易（比如比特币挖矿），所以对计算机的处理能力要求很高，即便是最基础的工作，也需要很大的计算量。与此同时，现有的区块链技术难以兼顾安全与去中心化，无法兼顾性能与安全，而基于共识的区块链运行效率低下、能耗高。

机器学习系统还能够对区块链中所发生的一切进行实时记录，能够对存储的数据类型以及在特定的服务器上的异常操作和模式进行识别，并在某些事件可能发生的时候向用户发出警告。在此基础上，利用人工智能技术将新型分布式学习体系引入区块链中，以解决数据的冗余问题，实现系统的扩充。采用联邦学习、新型数据分割技术等分布式学习系统，能够提高系统的效率。

利用人工智能算法的优化，结合 POW 和 POS 的共识机制，可节省区块链的电力及能源的消耗，并通过提高计算能力更好地提高区块链运行效率。另外，实践表明，利用人工智能的模型与算法，可以使区块链自然演化、动态调整，并能有效地避免出现分岔。所以，运用人工智能技术可以对区块链的运行方式进行优化，以更聪明、更周到的方式对区块链运行任务进行管理，对区块链的自治组织进行更有效管理，让区块链变得更安全、更可靠、更高效。

在人工智能和区块链领域存在的问题面前，这两种技术的融合可以达到互补的效果，目前已经有一些应用案例将这两种技术进行了融合。值得注意的是，不管是从目前区块链的技术指标，还是从大数据、人工智能的实际可落地性来看，想要真正实现技术融合并落地实施，仍然需要面临很多不确定性因素，其融合的潜在性结果也很难评估。所以，在积极研究人工智能与区块链技术融合的过程中，也要理性看待，注重实践落地，将两者有机结合，灵活创新，真正实现人工智能和区块链技术融合的实践和探索。

区块链与人工智能融合的行业应用

一、大数据与人工智能融合在金融领域中的应用

海量的原始数据被清理后，能够生成大量的、真实的、全面的、有价值的数据，这些数据被广泛地用于大数据的征信、贷款、风控、保险、资产配置、金融信息分析等方面。至于信用等级，有两种：一种是自动的，另一种是人工的。信贷员在系统中填写了一些财务资料，再得到一个信用等级，这种等级还比较片面。许多公司的年度报告都有上百页之多，想要让人看一遍并作出评估，几乎是不可能的事情。所以，利用几千家上市公司年报，展开大数据文本挖掘，利用机器学习算法，做出相对准确、快速的预测公司的信用评级，将其结果作为重要的参考指标，这就是一个可实现的大数据运用场景。机器学习算法属于人工智能技术中的一种，人工智能技术和大数据技术是相辅相成的。

人工智能分为好几个层次，最基础的层次，就是通过软件将 PDF 文件中的数据自动抽取出来，然后对数据进行一致性检验。第二个层次是对资料进行初步分析，整理出一定的规律，然后将其筛选出来。比如在审计函中对顾客的答复进行确认或者在合同审核中对关键字进行确认等。更进一步，运用自然语言处理中的自然语言理解和自然语言生成两种技术，对海量异质数据进行处理，在分析数据后自动生成新闻、券商分析研究报告。而最新的人工智能技术，也能在一定程度上通过学习作出一些预测。

二、人工智能与区块链技术融合在执法领域中的应用

现行的执法管理平台仍存在许多问题。当前，大量电子证据的整理归档、视频分析以及警情案件的关联，都是依靠手工来完成，耗时耗力，效率不高，迫切需要人工智能的赋能来提升其智能化程度，从而实现对电子证据的自动化管理和分析。在人工智能的端到云执法管理平台上，将人工智能的视频大数据、智能识别技术应用于视频快速人脸检索、视频自动分类以及视频比对等方面，将人工智能的视频大数据、智能挖掘技术应用于快速嫌疑目标定位、目标移动路径分析、目标行为挖掘等方面，将人工智能的视频大数据智能分析技术应用于智能警情分析、案件的串并和预警等方面。平台将执法数据深度应用作为核心，以高性能、高可靠、高集成的设计开发理念为基础，为用户提供对视频、音频、图片等执法数据的统一接入和管理，还可以与其他业务平台进行联网融合，让各单位、各部门的执法数据能够互联互通，让各类数据能够共融共享。同时，通过云端存证技术，可以有效地防止执法数据被篡改，从而实现对执法工作的全程信息管理与监督。

在此基础上，提出了一种基于人工智能的"端到云"的执法管理平台。

（一）基于 Hadoop 构建视频大数据分析平台

视频数据在情报勘查、安全防范等方面发挥着非常重要的作用。利用视频数据的分析，可以从海量的信息中找出案件的蛛丝马迹，再利用多种技术对信息进行重新组合，从而可以让作战工作变得更具科学性和有效性，大大提升了公安作战的效率。如何对大量的视频进行有效的分析，已成为当前公安工作中迫切需要解决的一个重大课题。特别是在重大刑事案件中，如何有效地获取和分析这些海量的视频信息是一项十分艰巨的任务。视频大数据是以人工智能技术为基础的智能"端到云"电子证据系统中不可或缺的一部

分。智能视频分析是通过视频分析算法来分析视频大数据，而智能视频技术则是利用大数据的处理方法来分析视频中的大量数据。在此基础上，公安机关可以利用智能端到云的人工智能技术，从视频数据中抽取出重要的图像信息，并对其进行标注和相应的处理，从而快速地获取所需要的信息。

Hadoop簇的视频转换及预处理技术是一项对计算机资源要求极高的任务，而Hadoop簇的视频转换技术能够极大地提升视频的处理效率。通过对海量视频数据的管理与传输，可以实现多任务协同处理。在该框架下，利用人工智能技术实现对视频大数据进行识别、挖掘和分析。

（二）基于人工智能的视频大数据智能识别技术

在当前的视频图像侦查应用中，因为视频图像的海量存储和编码格式的不一致，导致了很难进行深层次的应用。另外，因为没有统一的视频图像采集、标注和数据规范，导致了对涉案视频图像的应用缺少统一的支撑体系，也给侦查破案带来了很大的难度。在此管理平台中，在人工智能的基础上，实现了涉案视频大数据智能识别技术，包括视频快速人脸检索、视频图片自动分类以及视频图片比对等内容。

（三）基于人工智能的视频大数据智能挖掘技术

由摄像头、执法仪所产生的大量的视频信息，在进行检索时，需要耗费大量的人力、物力和时间成本。经过分析，我们发现，传统的检索功能大部分都是以文本关键词为基础，对视频内容的覆盖率较低，而且很容易受到相关工作人员的主观影响。因此，本管理平台使用了以深度学习为基础的视频大数据挖掘技术，比如：快速嫌疑目标定位、目标移动路径分析、目标行为挖掘等，从而实现精准打击。

第6章 数字经济企业的创新管理

数字经济新理念与企业创新管理

随着数字经济在国民经济中的比重增加，国家对数字经济的重视程度也在不断提高。数字化对我国和世界发展的影响不断加深，现如今，我国以数字经济为发展新动力，全社会正在经历数字化转型升级，企业数字化转型被认为是传统企业实现新发展阶段的有效手段。数字化不仅是利用数字技术提升效率，而且意味着管理思维和模式的转变。数字化技术已经为中国中小企业的改革注入了活力，随着新生力量的发展，越来越多的企业通过数字化技术实现了企业的快速发展。

一、数字经济背景下企业经营管理创新的必要性

公司的运作与公司的发展是紧密联系在一起的，它对公司资源的合理配置和提高公司的效益起着至关重要的作用。企业管理就是对企业经营的每一个环节，从计划、经营、生产、监督等方面开展有针对性的管理，保证企业经营计划能够满足企业每一个阶段的管理需求。企业管理创新的目的是要应对公司所面临的新挑战，并对公司的管理理念进行及时的调整，从而为公司的管理方式和管理模式的改进提供指引，同时也为公司在其他方面的改进打下了良好的基础。当前，有些企业仍然存在着管理方法落后等问题，影响着企业管理体系的全面实施。将互联网思维引入进来，并与现代市场变化规律

相结合，促进企业管理的创新变革，对企业整体组织结构进行优化，将新的管理理念运用到人才管理和营销管理中，可以帮助企业开创新局面，振兴企业发展。

在新的经济环境下，企业需要改变原有的经营模式，避免交易活动受到时间和空间的限制，网上交易模式的出现，扩大了企业产品的销售范围，丰富了营销渠道。由于网络的影响，可以促进企业各项业务活动的紧密结合，形成系统的企业生产经营体系。总的来说，创新企业的商业模式是提高企业管理水平的重要一步，在数字化时代，要求企业组织更具柔性，以尽快适应外部环境的变化。企业需要借助数字技术向有机生态型组织结构转化，展现小型化、扁平化、外部化的特征，将管理目的由做大做强向做活做快转变。可以通过网络销售渠道完成企业产品的营销，利用网络环境下信息传输的优势，将企业决策信息进行有效的跨部门传输。组织管理的范围从企业内部拓展到企业外部，包括对供应商、分销商、分包方、战略联盟客户等利益相关方的管理，以实现企业整体机能的持续发展。只有提高企业决策的效率，管理机制才能对企业的健康发展发挥作用，增强企业的管理能力。

二、数字经济背景下企业经营管理创新面临的困境

（一）企业本身对于数字经济的认知匮乏

数字经济的发展伴随着互联网平台新技术、新理念、新内涵而发展，数字化进步和互联网融合现如今已经成为企业创新发展的必由之路。但是，当前很多企业缺乏对数字经济的精准认知、定位以及与之配套的发展计划和内部管理机制，导致资金匮乏且发展停滞。在数字时代背景下，管理的概念是一种服务，而不是一种控制，企业为员工提供适当的空间、资源以及必要的激励措施，以满足他们的个性化发展需求，使他们能够更有效地提高工作效

率，从而支持企业数字化转型发展。

（二）经营模式落后

在数字经济时代背景下，企业的商业模式也必须随着时代的发展而加以创新，但很多企业还在沿用传统的商业模式，这不可避免地对效率和难度产生了较大的影响。以企业财务部门为例，在数字经济时代，传统财务部门无法适应数字化交易模式，由此产生的问题对企业影响很大。这种经营方式必然导致员工与管理者之间矛盾的激化，使得经营中存在的负面问题无法得到有效解决。与此同时，传统商业模式的应用也会导致运营流程的混乱，在数字经济时代背景下，企业需要根据市场进行更新，培养专业的技术人员，采用新的运营模式，这对企业的发展尤为重要。

（三）数字鸿沟迅速加大

在数字经济时代，由于数字经济的融合，传统的三大差异被分裂为新的差异，最终发展为四大差异，即出现了数字差异，也称为数字鸿沟。具体来说，我国部分企业顺应数字化趋势，实现了企业经济的数字化转型与发展，但仍有部分企业因缺乏互联网运营人力资源，在数字经济转型中发展缓慢。此外，由于经济发展水平存在差异，各地区间企业数字经济发展也不尽相同，造成数字鸿沟的不断扩大。加之城乡技术水平和投资能力相对薄弱，极大地阻碍了数字经济的发展。同时，由于文化知识水平的差异，群体间资源配置的差距不断扩大，社会发展的两极分化也在一定程度上不断地加深。

（四）缺乏数字经济领域的人才

数字经济与传统的经济管理模式有很大不同，可以说在发展构成、表现方式、组织结构等方面都有所不同。因此，在经济管理发展过程中，需要运用新的数字经济理念、数字经济手段进行经营管理。在这种情况下，企业必须吸引和培养适合数字经济时代发展的人才，尤其是那些精通新技术、在数字经济领域有丰富实践的人才。由于很多传统企业将发展重心放在盈利创收上，管理层对数字经济人才的吸引和培养不够重视，现有员工无法适应数字经济发展的要求、难以攻克与数字经济相关的问题，远远落后于数字经济时代的发展。

三、数字经济背景下企业经营管理创新策略

（一）坚持价值导向，完善企业数字化转型的基础

首先，在实施数字化战略的过程中，企业内部的文化变革是转型的基础和前提。如果没有改变观念和文化，那么企业的数字化战略就会显得不够严谨。一个组织特有的文化理念，会变成企业转型升级的动力。因此，企业必须保证在数字化转型过程中，员工的身份和行为都可以得到提高，并逐渐构建起员工的数字化思维方式。其次，要将顾客数字化，就需要抛弃原来的产品导向，要真正了解顾客的显性和隐性需求，并为其提供符合个人需求的解决方案及用户体验。伴随着工业物联网、人工智能、敏捷创新等数字技术的出现，构建数字化企业与获得数字化客户将成为未来企业关注的重点。为了更好地作出投资决定，加快商业转变，公司管理层必须持续地强化战略性的创新思想。企业可以利用运营创新的不断升级来提升内部运营效率，淘汰原来以产品为导向的发展模式，强化实现数字化转型的基础条件。与此同时，企业需要在技术研发创新、生产方式变革、组织管理重构、跨界协作等方面进行创新，以进一步推进数字化转型。

（二）坚持数字赋能，提高企业数字化转型能力

当前，企业在数字化转型过程中需要重点关注数字化研发和数字化生产，从管控数字化、产业数字化、数字产业化三个层面，以及智能化运营、数字化创新两个维度进行考虑。从价值链各环节数字化与企业创新的关系来

看，数字化研发和数字化生产对企业创新的推动作用最为强大。研发与生产在价值链上紧密相连，研发过程的数字化可以直接提高企业的研发效率和专利产出，而数字化生产可以将生产过程中收集到的数据反馈给研发，推动创新。如果企业在研发和生产方面继续投资数字化相关项目，将为整个价值链带来更大的收益。企业需要进一步加强对数字营销的重视，促进群体内的数据和信息共享。对于企业而言，创新是一项长期、高风险的企业活动，需要各业务层的支持，企业内部业务数据的有效分析和利用，使创新更有价值。鉴于数字化对企业自主专利申请的影响大于合作专利申请的结论，未来企业将整合多种资源，结合自身的竞争优势，基于内部数字化管理共享产业链数据，提高企业的创新水平。

（三）坚持人才储备，助力企业数字化转型

如今，大多数企业都将人才管理作为企业管理制度的核心内容，将互联网思维融入企业的经营实践，改变传统的管理方式来助力实现员工的个人发展。随着互联网时代的到来，让企业的人才管理体现出灵活性的特点，"以人为本"的理念在企业的人才管理中发挥着主导作用，尊重员工的个性化需求，有助于提高企业人力资源管理的效率。首先，人才的培养和管理要从建立人才标准入手。数字化人才强调数字化应用、数字化实施、数字化咨询和管理的能力。基于环境和经营战略的变化，企业需要调整人才标准，明确企业不同岗位数字化人才的能力和素质要求。然后以人才标准为基础，进行人才测评和盘点。在数字经济时代背景下，企业对创新人才的需求越来越大，通过人才管理，增强员工对企业的归属感，加强员工之间联系的纽带。企业在实际经营中要弱化对员工的控制，加强员工自主管理，为员工腾出自由发展空间，保证人才管理的科学性。在数字经济时代，人才管理从员工的需求出发，构建灵活的管理体系，充分利用激励机制促进员工发展。其次，企业需要打造"技术+业务"并重的复合型人才。目前，一些企业已开始实施

"零管理"模式，将企业资源集中在生产管理、营销管理等方面。这种管理模式的转变，实质上是建立一个以提高企业管理效率为核心的网络数字化企业组织。比如，程序员不仅需要写代码，还需要深入了解业务知识。任何业务转型都依赖于技术能力的支撑。通过选拔具有发展潜力的年轻业务骨干，设计专业、系统的培训课程，以"边战边训"的方式，培养具有"业务+数字化"复合能力、善于用数字化手段提升企业生产、运营和管理能力的人才，深度推动企业数字化转型变革。

（四）坚持产品创新，顺应市场数字化转型趋势

数字经济时代，客户需求高度个性化和多样化，企业在制定经营战略和执行各项管理任务时，要积极利用大数据技术对客户和行业发展预期进行分析，扩大柔性生产和模块化生产。具体来说，市场竞争越来越激烈，要实施精细化营销模式，企业的生产、产品和服务要及时、个性化。无论是产品制造还是售后服务，都需要分析产品生产等个性化内容以外具有共同特征的内容，根据客户的具体要求提供定制化生产服务，从而在满足客户需求的同时实现更高的生产与服务效率。此外，在创新企业的经营管理中，要运用数字化技术实施柔性生产，运用智能生产线降低企业运输等环节的成本，促进柔性生产效率的提升。需要优化各种生产要素的配置，配置过程主要根据市场的实际趋势，依靠制订合理的生产计划来提高企业的营业额。具体而言，坚持产品创新和数字化转型需要注意以下几点。一是准确衡量创新和风险。数字技术带来了成本结构、运营结构和交易结构的重大变革，传统企业从以生产和服务为导向的系统向以风险为客观的信息和数据为导向的系统转变。风险的存在会扼杀创新想法，从而影响创新工作的开展。因此，企业有必要慎重衡量两者的关系，不冲动也不盲目。二是在决策层面提升数字思维。为了预测创新机会，企业需要一个高效的数字化运营组织，决策者需要具备高度敏锐数字化思维。创新的数字思维使企业能够在塑造竞争优势方面从自给自

足转向开放式协作，从线性开发转向产品设计与开发的快速实验，从被动合规转向主动响应信息安全。

综上所述，在数字经济发展背景下，数字化转型已成为企业发展的必经途径，与国家战略发展相契合。后疫情时代下，数字化转型发展进程加快，新技术、新理念也更深入地渗透到企业发展中，开辟了新的发展模式，从根本上改变了企业原有的经营模式、商业模式、服务模式。企业要想在网络经济环境中不断地发展，就必须注重创新企业自身的管理方式，顺应经济市场变化规律，逐步完成企业经营转型升级。

企业创新管理的数字化转型

在企业迅速发展后，会逐步步入成熟期，难免会使部分企业产生惰性行为，缺少创新激励条件。在数字化背景下，社会经济与科学技术迅猛发展，为企业生存和进步创造了有利条件，企业应高度重视管理创新的重要性，结合自身现状，考虑市场发展形势，不断推进企业管理创新，将管理创新落在实践中，进而加强企业的综合实力。

一、数字化转型背景下企业管理创新必要条件

（一）创新能力

企业职工是企业创新主体，创新能力水准与企业基本结构情况和创新工作的落实成效息息相关。为此，要明确创新能力基础作用，带动企业创新水平的提高。

（二）基础管理

在现代企业管理工作进行之际，基础管理包含日常管理，这是最为基础的工作部分。比如，搜集数据信息、保存技术档案以及核算会计内容、规范员工奖罚内容等。企业只有将各项基础工作落在实处，才能保障各项业务良性运行，并在此基础上提升创新效果。

（三）创新目标

在企业管理创新时，需要明确创新目标，这是保证企业持续管理创新的方向。通过有效措施激励职工工作行为，进而推动企业各项管理工作良性

发展。

二、数字化转型背景下企业管理创新必要性分析

(一) 管理创新促进社会主义市场经济发展

自从改革开放以来，我国企业管理方式发生了质的改变，很多企业从生产型管理向经营型管理过渡。在国民经济市场化发展时，逐步建立和市场经济相匹配的现代企业管理机制，这足以表明市场机制作用有所增大，市场化程度日渐提升，市场体系得到了前所未有的完善。为了全面适应社会主义市场经济基本要求，企业应摆脱固有管理思想，需要大胆创新优化管理机制、方法及体系。

(二) 管理创新促进知识经济发展

众所周知，我国目前在发展工业经济之际，正逐步向知识经济方向发展。为此，对于知识型企业而言，应抓住知识型人才这条主线，以科技为核心支撑点，发展创新内容，将企业构建成人才、信息及知识均较为密集的综合性企业。

(三) 管理创新促进世界经济一体化

最近几年，诸多外商纷纷来华投资，带动了一批企业规模的扩大。如今，投资主体越来越国际化，投资领域有所拓展，投资方式多元发展。面对日渐复杂的国内竞争、国际竞争形势，要求企业积极顺应时代潮流，突破传统管理制度方法，以便能灵活适应日新月异的国际市场环境。

三、数字化转型背景下企业管理创新面临的挑战

(一) 管理理念创新挑战

在改革开放前期，我国大多企业在企业管理方面并未给予高度重视。直

到改革开放之后，企业虽然大力推动企业管理，但仍未形成完善的管理理论。目前，很多企业的管理理论都是直接借鉴西方的管理理论，比如泰勒科学管理理论、管理科学理论等。直到进入数字化时代，西方的成熟型企业管理模式少之又少。在数字化背景下，企业逐步意识到企业未来管理理念需要尊重用户需求，但仍有一些企业坚持以自我为中心，忽略客户需求，致使产品研发、产品生产及经营效果不尽如人意。不可否认，已有一些企业意识到这一问题的重要性，但在实际工作中却依旧停留在理论层面和概念层面并，未在企业经营管理时落实相关理念。

（二）管理模式创新挑战

长期受计划经济影响，我国企业在创新管理时需要面临诸多限制性因素，致使企业管理制度创新脚步日渐缓慢。与此同时，一些企业管理人员仍坚持计划经济体制管理模式，未曾在管理方式上作出迅速转变，致使企业管理体制改革效果大打折扣。在数字化转型背景下，众多传统企业管理模式已无法满足当今时代提出的要求及发展趋势，如果不制定转型计划，势必会阻碍企业的未来发展。

（三）组织结构面临挑战

现阶段，一些企业的组织结构依旧使用的是金字塔形结构。但是，在数字化时代中，信息技术不断普及，金字塔形组织结构对其未来发展有抑制性作用。之所以出现这种现象，原因在于数字化时代的市场环境存在大量不稳定性因素。若想在迅速变化中精准把握发展时机，就需要企业具备迅速反应的能力。但是传统金字塔形属于分割式层次结构，信息传达和信息反馈速度都偏慢，致使企业工作效率不断下滑，市场应变能力逐步降低，严重影响市场发展情况，丧失未来发展优势。

（四）人力资源管理面临的挑战

在数字化转型背景下，人们日常生活及工作中，随处可见网络化产品、电子化产品、信息化产品，促使人们生活理念、工作理念及方式等发生了巨大改变。在传统企业管理模式下，传统人力资源管理，主要是通过各种奖惩方式及规章制度监督员工行为，控制员工行为，认为只有依靠硬性机制才能有效约束员工工作，这其实是不信任员工的表现。目前，通过应用互联网技术，企业内部员工沟通越来越便利，员工通过学习可形成独立意识及想法，若依旧采用传统人力资源管理方法，则不利于与员工进行深入沟通，难以令企业留住人才，无法全面释放员工的潜力，不利于企业未来发展。

四、数字化转型背景下企业管理创新策略

（一）立足数字化转型，创新企业管理理念

在企业传统管理理念中，企业发展通常都会受生产商的影响。为此，企业需要改变管理工作重点，将工作重点落在企业生产环节、经营环节，希望通过有效控制生产成本及扩展企业生产规模进而达到标准化经营效果。以数字化转型为背景，企业生产及企业发展的关键要素为消费者，企业所生产的产品应与消费者现实需求相符合，这样才能为广大消费者带来理想的消费体验。因此，企业要重视分析广大消费者现实需求、市场经济环境因素及商品价值，并在此基础上创新管理理念。数字化转型要求企业管理理念凸显协同性、融合性、共赢性及开放性等特点，将企业运行模式改变为服务型模式，适当摒弃生产已经模式，管理理念重心也要逐步转移，以了解消费者需求为核心，并以此为基础促进员工、企业、合作者和产业链的融合，进而实现商业系统的稳步发展。

（二）立足数字化转型，创新企业管理模式

在传统企业管理时，企业管理模式主要关注企业生产要素，如生产、成本、采购、销售渠道、配送和决策方式等，但是在实现数字化转型形势下，

市场竞争愈演愈烈，企业生产要素难以得到及时补充，导致企业经济效益逐步下降。此时此刻，企业应深刻意识到智慧服务的重要意义。在互联网时代，企业应以消费者需求为核心基础，改变生产经营方案，致力为消费者带来个性化服务，适当引入全新的科技和理念，不断深入挖掘潜在市场，为企业未来的发展创造更多机会。只有在这种背景下，才能令企业协同兼顾经济效益与社会效益，为其持续发展奠定坚实基础。除此之外，企业应积极发挥数字化技术、互联网技术优势，完善企业沟通机制，加强企业和上游合作商与下游合作商的沟通，拉近企业与消费者间的距离，创建信息共享、资源共享平台，及时发现问题，并高效解决问题，进而提升企业的管理效率。

（三）立足数字化转型，创新企业组织结构

在传统企业管理时，企业主要是通过低成本手段、扩大生产规模手段以及促销手段等扩大市场份额，获得巨大利润，支持企业长期发展。为此，企业组织结构通常都选择金字塔形结构，按照职能分工，每一层级结构拥有不同的管理权利。在传统经济时代，这一组织结构更利于企业集中管理权，便于由企业统一管理及领导。但是在数字化转型计划实施后，市场对企业的发展提出了新要求，需要企业能顺应时代趋势。不得不承认，金字塔形企业组织结构反应速度偏慢，会降低企业经营效率。所以，企业就应积极应用数字化技术，注重创新组织结构，实现信息化管理、扁平化管理。实质上，企业扁平化组织结构并没有统一的强制中心，每一单元和单元间都是互相独立的，具有高度的自主权，且相互联系，点和点间形成网状状态。与传统金字塔形组织结构相提并论，扁平化的信息管理更利于企业在互联网趋势下迅速成长。首先，扁平化组织结构能迅速传递信息，让企业和市场高效对接。其次，通过发挥互联网的作用，可以令企业和用户直接沟通，便于企业收集传递和分析用户相关内容，进而了解用户及市场需求，在最短的时间内迅速给出反应。除此之外，层级结构被彻底消除了，决策速度有所提升，员工可以

高度自治，企业成员也变成了企业创新管理的直接参与者，可以与企业共享利润，这便在一定程度上全面调动了企业员工的创新性能力、主动性能力，进而迅速增强企业的凝聚力，令企业不断释放竞争实力。

（四）立足数字化转型，创新人力资源管理

纵观传统企业管理模式，关于企业人力资源管理，通常都会选择刚性管理方法，制定严谨的规章制度和奖惩原则，通过纪律监督等手段约束员工日常行为，希望能谋求劳动生产率最大化。然而，在实践中却常常导致员工产生抵触心理。只有应用高效率、科学化、标准化管理方法，才能达到理想的人力资源管理效果，并加强组织权威性，令工作定量化发展，实现良好的专业分工目标。通过工作定量，可以有效明确员工控制计划，推进管理制度的落实，进而提升企业生产效率。如果过度应用刚性人力资源管理方式，不仅不会激活员工的工作热情，甚至还会剥夺员工思考的权利，致使其主动性日渐下滑，难以体会工作的乐趣，缺少成就感。在数字化转型视域下，员工自主意识有所增强，摆脱了"工作机器"的标签，直接变成了企业参与者，拥有无穷的创造性力量，为企业的发展和进步作出一份贡献。所以，就需要企业致力创新人力资源管理方式。比如，可以实施柔性管理计划，这是现代企业管理人力资源时普遍应用的管理方法。柔性管理坚持"以人为本"，全面尊重员工的自主性，并不会过度依赖刚性规章制度，即可针对人力资源展开高效管理，令企业员工全面发挥创新能力及工作能动性，用个人力量为企业的美好明天贡献力量。通过数字化手段，促进企业完善内部交流机制，为人力资源管理及相关工作的改革提供可靠支持，通过营造优良的企业文化氛围，加强企业职工的认同感、归属感，更利于提升员工的凝聚力，为企业的持续发展积蓄能量。值得注意的是，企业也应在内部人力资源管理工作执行过程中，大力倡导现代企业家创新精神。要知道，市场活力始终都是由人决定的，尤其是企业家及企业家精神。由此可见，企业家是影响市场发展的关

键要素。同时，企业家也是企业的中坚力量。每一名成功的企业家，都应当树立创新精神，这是新时期对当代企业家提出的新要求。为此，企业应鼓励内部职工向企业家学习，将企业家精神内化于心，付诸日常工作实践之中，树立创新意识与观念，实现在销售、生产及管理方面的创新，用创新思维解决问题，以创新方式提出问题，为企业经营管理的创新积蓄能量，促进企业长足蓬勃发展。

（五）把握对标提高方向，创新管理新体系

首先，需要促进管理提升与解决问题的高效结合。管理提升需要企业正视现有的发展问题和经营时的薄弱点。现阶段，企业管控重点应放在多层、多元、多中心等新型管控体系之中，致力于解决企业集团总部"机关化"问题。加强企业集团的整体发展能力，创建多层法人治理体系，为后期发展指明方向。其次，要整合管理推进与改革工作，以企业改革为重点任务，令其与管理提升活动相互结合，通过改革促进创新，通过创新推进改革。在具体激励企业职工时，部分企业创建了新项目和项目核心人"合伙制"，实现和项目实施人员的创新性共享型发展。部分企业为企业关键员工授予了适宜比例的股权、期权，促使员工既可以享受发展红利，又可直接参加企业管理活动、决策活动，探索全新的共享治理体系。最后，实现管理创新与模式重构的有机融合，这就需要企业立足全局性角度、系统性角度，加强管理创新工作的部署，迅速推动企业由工业化发展模式向数字经济化管理模式迈进。

（六）坚持数字化转型方向，创新管理手段

首先，需要推进管理创新，巩固数字化转型基础，构成数字化转型支撑力量。在新时期，应以工业互联网、5G、人工智能建设等为主要抓手，全面打开网络覆盖范围，增强数据处理能力和网络供给能力，全面发挥管理创

新的导向性作用，强化整体规划及架构设计，优化公共服务平台以及产业生态图，高效配置各项生产要素及各类资源，构成智慧社会管理体系、数字经济社会管理体系，提高基础保障水平。其次，要攻克管理创新难关，实现数字化转型新功能的发展。采用信息化专业服务团队，打造多方参与式平台，聚焦关键应用软件和硬件等短板问题，结合现状制定高效的解决方案，推进数字化智能产品多元发展，积极追上国际先进管理趋势脚步，为实现企业管理创新的数字化升级筑牢技术基础。此外，要推进管理创新的升级，形成全新数字化转型新体系，探索高效的数字工具和数字管理架构，应用人工智能及大数据等改变传统产业发展方式，全力推进智能制造，加强转型与升级效果，从而发展新兴产业。最后，要加速管理与创新开发新的数字化转型优势，发挥"云大物移智链"优势，结合信息通信技术，提高数据采集能力、管理能力，突破信息壁垒，全面提升数据资源应用深度、广度及共享服务水准，注重和其他类别的制造企业互惠互利，建设产业联盟，形成企业协调发展数字经济优势，为企业未来的创新发展保驾护航。

综上所述，数字化时代的到来，在一定程度上推动了科学技术的成长，为现代企业带来了全新的发展机遇，但同时也令企业面临着巨大的挑战。在这种情况下，企业管理创新直接影响着企业的生存及发展成效。因此，企业在日常经营时就应注重优化创新管理理念、模式、结构，完善人力资源管理方案，联系企业及市场动态，构建全新的信息反馈机制，加强与市场及员工间的交流，进而提升企业管理创新效率，促进企业深层次发展，为未来持续进步提供可靠的技术支持，创造更多的经济效益。

数字化企业创新的协同管理

一、数字化企业的技术联盟

现如今，在经济全球化的背景下，由于竞争的需求，企业纷纷建立了技术联盟，目的是实现技术资源的互补，降低单个企业的开发风险及投入成本，推动技术创新，从而在竞争中占据优势。企业技术联盟是当今世界范围内一种新的竞争模式。技术联盟的出现，极大地促进了企业的国际竞争，并已成为很多企业的一种基本策略。

(一) 企业技术联盟的概念

企业技术联盟指的是两个或两个以上具有独立法人地位的企业，共同致力于某一技术或产品的研发，它是为了适应技术快速发展和市场竞争的需要而产生的优势互补或加强性组织。

本文从理论和实践两个方面对企业技术联盟进行了探讨。在激烈的技术竞争中，企业不得不采取联盟的方式，以实现技术创新为目标，但联盟并没有削弱竞争，而是将企业的技术竞争推向了更高的层面，将单一企业之间的技术竞争转变成了企业联盟之间、单一企业与企业联盟之间的竞争。而未参与联盟的企业，则会因此处于劣势。

(二) 企业技术联盟的特征

在知识经济的背景下，企业技术联盟具有自己的特点。

第一，在战略原则的基础上，各企业之间要进行协作。当某一方得利，另一方损失，则不能建立或维持技术联盟。

第二，企业间的技术资源需要互补。联盟成员必须有能力提供资源。如果这些技术资源之间没有互补关系，就不可能是最优的合作伙伴。而这正是技术同盟与其他同盟的根本区别。

第三，各技术联盟成员均应保持独立法人地位。如果其中一个成员失去了独立法人地位，那么技术同盟的关系就会随之消失。

第四，技术联盟是一种分阶段进行的协作。公司的战略可以根据其所处的环境或者自己的条件而变化。在这一点上，虽然建立技术联盟的目的是长期谋求共同的经济效益，但是在一定时期内还是应该有一个期限。

（三）企业技术联盟的主要类型

本文从企业技术联盟的实际情况出发，将其分为三类。

1. 合资企业

合资企业是将不同的资产联合起来，共同承担风险，共同分享利润，但是，与通常意义上的合资企业相比，合资企业有着许多新的特点，它反映出了联盟中的企业在技术创新方面的战略意图，而不仅仅是为了追求更高的投资回报率。

2. 双方共同持股的方式

"互持股权"是一种企业间以股权互换的形式，在企业间形成长期的、互惠互利的合作关系。与合资企业不同，合资企业的共同持股并不要求将各自的设备和人员进行整合，因此，这种股权连接有助于在一些领域进行合作。

3. 功能规约

它是一种合同型的技术联盟，与前两种有股份的合作模式有着很大的区别。这主要是指在特定的领域中企业间的合作。不是采用前面所述的转让资产的新方法，而是采用这样一种功能性协议，就技术交换、共同研发等形成一种联盟。

(四) 企业技术联盟的组织运行

1. 企业间的技术联盟模式

以项目为基础的联盟。最普遍的一种企业技术联盟，就是企业之间为节省研发费用、减少研发风险而进行的一种联盟。项目型联盟能够让成员企业之间实现资源的互补，从而提高他们的技术创新能力。它的特征是，每一个联盟的成员都拥有一个明确的技术创新目标，所有的联盟活动都要服从并服务于这个目标，当他们的目标达到之后，技术联盟就会自动瓦解。

以购买为基础的联盟。购买型联盟指的是一方从另一方购买技术，比如专利许可、技术设备，以此来弥补自身技术实力的不足。此外，供应方还可以向其提供与之相适应的技术培训，比如派出专家进行培训或允许购买方技术人员前往供应方进行考察学习等。这样，购买方在使用新技术与接受培训的过程中会逐渐掌握这项技术。

以服务为基础的联盟。服务型联盟同样是一方以技术引进为目的的联盟，但是其引入的方式是以另一方为其提供各类咨询服务、销售服务为手段，在技术服务的过程中接触到新技术、新产品。

生产性的联盟。同样，生产型联盟也属于一种可以让企业实现侧面技术引进的联盟方式。联盟中企业为伙伴生产新技术产品，在生产的过程中，对新产品的工作原理、新技术的创新原理及创新特点进行深入了解，并将其与自身特色相结合，从而实现新技术的本土化。

委托研究的联盟。所谓的"委托研究"，就是由一个合作伙伴提供一个特定的技术方案，然后由另外一个合作伙伴进行研发，在市场上被称作"产品定制"。尽管这样的联盟具有技术转让的特点，但是，引入并不一定是为了学习，委派方有可能在短时间内无法分心，或者这个项目不值得再进行研究，这样就可以把它委托给其他公司，以节省再进行研究的时间和资源。与此形成鲜明对比的是，在合作关系中，受托人在短时间内可能没有足够的资金，只能暂时通过为他人开发以实现资本原始积累。

公司型联盟。在这样的联盟中，不存在可转让的技术，而是存在着一个真实的联盟载体，也就是，由联盟的各个成员共同出资，成立了一个新的公司，这个公司不依赖于任何一个联盟的成员从事技术活动。各成员按其所持资金的多少，共同组成了企业的大、小股东，是企业的实际决策人；公司的日常经营活动由经理承担，经理向股东汇报。

控股型联盟。这种联盟产生于企业联盟。与企业式联盟相似，企业式联盟在实施技术创新的同时，其最终目标也是通过技术来提高经济效益，而企业式联盟则更加关注其短期的经济效益。它与公司型联盟的组织结构相似，不同之处在于，不再单独组建新的法人企业，而是由联盟的部分成员控制另一部分成员（通常只有一个企业）的股份，并从它们的技术活动中获取利益。

技术组合型联盟。技术组合式联盟是指各成员通过各自的技术优势进行优势的组合和叠加。这种情况多出现在行业内有一定实力的公司之间。这些公司通常已经占据或者接近于市场的主要地位，他们的联合目标并不是技术引入，也不是为了获取利润，而是为了让所有的公司都变成技术的领导者或者拉开与竞争对手的差距。

技术加强型联盟。技术强化联盟是由大型企业联合出资，通过可持续发展策略，扶持具有自主知识产权的技术创新机构。本机构密切关注行业动态和科技发展趋势，及时把握创新机遇，实现技术创新，致力于巩固与联盟的技术优势。

协作性的联盟。协作性的联盟，是由多家同行业的公司，通过各自的优势，联合制定了一定的技术标准，并在此基础上形成的一种合作关系。最近几年，因为科技的快速发展，在高科技产业中出现了许多不公平的竞争，因此，协调型联盟已经被拓展为一种行业联盟，也就是由同行业中的许多企业组成的联盟，来对该行业中的不规范活动进行矫正。

2. 企业间技术联盟的组织方式

在企业技术联盟的组织形式中，没有优劣之分，但各有千秋，企业可以根据自己的实际情况进行合理的选择，目的是实现企业状况与联盟形式的最优匹配。在此基础上，本文提出了一种新的发展模式。在技术水平较低和市场竞争力较差的情况下，为了引进技术和提高技术水平，常常会与有实力的公司组成生产和采购联盟；市场追随者为抢占市场主导地位，联合形成以项目为基础的联盟，取得重要的技术突破；而市场的领导者们也都是在安全的环境下组成了技术强化的联盟，试图保持自己的优势。当然，企业的实力水平并不是对联盟形式选择产生影响的唯一因素。比如，技术组合型联盟并不一定只发生在业界巨子之间，很多小企业也可以将各个专利技术进行组合，组成一个技术联盟，从而向大型企业发起挑战。市场主导型公司还可以和小型公司组成采购联盟，为大型工程的研发提供技术支持。在此基础上，本文从多个方面进行了分析，提出了企业技术联盟的组织模式。

自我保护型选择。实现优势互补是联盟的一个重要特征，所以，每一个成员企业都有自己的优势，可以是专利技术，可以是管理经验、市场信息等，而这些优势通常就是该企业的核心能力。所以，在结盟过程中，企业需要对结盟对象进行保护。特别是具有绝对领先地位的企业，更应重视如何避免知识溢出。然而，在项目型、控股型、技术加强型等联盟中，各个企业的管理权限都是相互交叉的，各个职能部门之间也都进行了充分的协作，资源可以进行全方位地流动，尤其是人力资源的相互调配，这无疑增加了知识转移的机会，这就必然会让企业害怕在合作过程中失去管理风格、技术开发思维等无形资产，从而被剥夺了优势。与此形成鲜明对比的是，在委托研究型、协调型等联盟中，成员之间的正面接触较少，合作关系也不会太过紧密，这对维护各种无形资产非常有利，所以，它经常是一种理想的保护型联盟形式。而想要构建学习型联盟的公司，一定会选择具有较高关联性的如项目型或技术加强型的联盟，来提高与高科技公司的联系，并拓宽它们的学习口径。

优先级类型的选择。在不同的环境下，企业在进行技术创新时，会有不同的难度、不同的方式，以及对新技术的要求，这些都会对其联盟创新的方式产生影响。一般而言，如果企业仅仅关注于获得新技术或者仅仅是技术本身对其具有的重要意义，那么就会采取诸如购买型、委托研究型等联盟的形式。在这种情况下，如果有迫切的技术要求，就会采取购买的模式，如果技术要求比较低，就会采取委托开发型联盟，这样就会给供给方足够的时间，让技术更加符合自己的要求。如果企业不仅将技术的获取结果作为重点，还将技术的获取过程作为重点，以此来提升自身的科研能力、技术人员水平，那么企业就会考虑到项目型、技术加强型联盟的方式，将现有的技术资源进行充分利用，主动掌握技术，而不是被动地接受。在一个技术加强的、协调的联盟里，并不是说它的成员就没有什么创新的压力，而是说它的科技还没有什么大的突破，它的技术已经很完美了，联盟已经没有了创新的机会，所以只能采取守势，等待时机。

风险规避性的选择。技术联盟最大的优势在于其风险分担，各种技术联盟模式的风险规避作用是不一致的。很明显，在项目型联盟和超越型联盟中，各个联盟方都处在相同的战略地位，它们在技术创新价值链中处于一个横向的位置，大家一起决策，一起操作，这就意味着，技术创新风险也应该被大家合理分配，一旦出现风险事故，联盟损失相互分担，所以，这是一种最能够规避风险的技术联盟形式。与此形成鲜明对比的是，在采购联盟和委托研发联盟中，技术风险仅由供应商承担，而接受方没有风险分担的义务。当然，高风险与高回报是并存的，在以项目为基础的技术组合型联盟中，其利益与风险是同等的，并在各成员之间进行了平等的分配；而在以技术转移为基础的联盟中，技术提供商所冒的高风险必然会带来巨大的经济效益。在这种情况下，企业可以依据创新风险的大小和自身的风险容忍度，来选择联盟的形式。

对机构变化的选择。不管是何种类型的联盟，企业的组织结构都是会发生改变的。尤其是在项目型等联盟关系紧密的技术联盟中，成员企业的高层决策者对联盟决策进行了参与，各职能部门发挥自己的特长来完成联盟中的职能工作，操作层也受到了联盟总作业计划的控制。因此，几乎整个成员企业，从上到下，各类资源都可以接受联盟调配，这无疑会对成员企业的原有组织结构造成很大的影响。与此相比，在诸如委托开发、生产型等联盟中，前者是以技术供给企业的技术部门运作变化为主，后者是以企业的生产部门活动变化为主，而在采购型联盟中，组织变化相对较少。所以，企业可以根据自己的组织结构特点，估算出联盟对原来的组织结构所产生的冲击和所能承受的冲击，来选择适合自己的联盟方式。如果一些企业在新体制下不能进行管理，尤其是对于即将在联盟中占据主导地位的企业来说，它缺少一定的资源协调能力，无法扩展对组织的统筹规划能力，显然不适合领导众多企业做一些较大的组织变动。

企业技术联盟会是一个由全体会员组成的团体，它的组织形式是全体会员通过协商确定的。每一个成员企业都处于不同的发展阶段，拥有不同的技术实力，它们对技术风险有着客观的认知和主观的判断，它们对新的组织结构有着不同的适应能力，这些都使得联盟成员在选择联盟形式时会产生不同的看法。要想构建出一种牢固的联盟形式和联盟关系，就必须要让所有的成员一起进行协商，在坚持自己特殊条件的同时，还要将其他成员的意见也一并考虑进去。比如，可考虑与不同的伙伴同时组建几个不同形式的联盟，或者在联盟形式所确定的条件下，尽量避免触犯对方的禁忌等，以此来维持一种良好的联盟关系。

二、数字化企业合作创新

（一）企业合作创新的含义及特点

1. 企业间协同创新的内涵

尽管合作创新行为早已有之，但是，它还是一个新兴的、地方化的概念。傅家骥教授在其《技术创新学》一书中给出了"合作创新"的定义："合作创新"是企业与企业、科研院所和高校之间共同开展的合作创新活动。合作创新一般是建立在合作伙伴的共同利益的基础上，将资源共享或优势互补作为前提条件，合作目标、合作期限和合作规则都是非常明确的，合作双方在技术创新的整个过程中或者是在一些特定的环节中，共同进行投资、共同参与、共享成果、共担风险。合作创新是一种新型的、高科技的、以协同创新为主的研发活动。近几年，关于合作创新的研究在我国已有较多报道。郭晓川等人提出，合作创新是多企业组成的技术合作契约关系，多企业在合作创新的基础上，参与到一个创新过程中，然后基于共同的创新成果，开展下一步的差异化创新，是一种重复的交易行为。

企业之间的合作创新，指的是有意愿的企业，为了共同面对持续变化的市场环境，将联盟企业的资源共享与优势互补作为一个前提，以共同的利益为依据，对合作目的、期限、规则等方面进行明确，而在技术创新的某些环节中或全过程进行合作研发的过程，这是一个建立在技术契约的基础上，并且以固定的创新组织作为保障，根据预先确定的方式来分担风险，分配收益。

2. 企业合作创新的特征

与自主创新和模仿创新相比，合作创新具有资源共享、优势互补、风险分担等特征。

共享资源。合作创新策略强调在合作创新中所需要的技术、人才和资金等创新资源和创新成果的知识产权不是由协作一方独有，而是由协作各方共享。在合作创新中，充分发挥企业间的优势，发挥企业间的合作创新能力，有利于企业间的合作创新，促进企业间的合作创新。企业之间的资源共享是企业实施合作创新的先决条件，也是其区别于自主和模仿的重要特征。在自主创新和模仿创新的过程中，创新的一切资源都被企业所独占，没有被任何人共享。这就决定了我国企业在自主创新与模仿创新方面存在着一定的局限性。

优势互补。合作创新策略强调在技术突破上的优势互补性，也就是在创新的过程中，合作双方根据自身的优势，进行优势互补。企业间的优势互补能够弥补企业间在技术和人才上的不足，从而提升企业间的合作创新效率。与自主创新不同的是，自主创新强调了技术突破的内生性，也就是所有的核心主导技术都必须是企业依托于自己所积累的知识和能力支撑，通过独立的研发活动而获得的。由于其核心技术是以收购的方式获取，所以没有技术先期发展的问题，也就更谈不上优势互补。

风险的分散程度。合作创新策略强调风险共担，也就是合作创新所带来的风险并不由某一企业独自承担，而是由所有参与者共同分担。研究发现，企业间的合作创新对企业创新风险分担的影响程度与企业创新的规模、内容等密切相关。一般而言，当创新项目规模愈大、内容愈复杂、风险愈高时，企业间的合作创新对风险分担的影响愈大。但是，自主创新所面临的风险却是需要企业自己来承担的。而模仿式创新则是指企业以购买的方式获取和使用这些技术来实现自己的创新。

（二）合作创新的类型与主体

从合作创新的内涵来看，企业、高校、科研院所是合作创新的主体。在经济学中，企业是一种以利益最大化为目标的经济组织，而高校、科研院所则是一种以科技知识为主要内容的非营利组织。本文认为，高校与科研院所具有相似的组织特点与社会职能，因此，本文将高校与科研院所合二为一，并以高校为代表。合作创新按照参与机构的差异，可划分为"企业间合作"和"企业-高校合作"两类，其中，"企业"是其主体。

1. 合作创新

企业是一个追求利益最大化的经济组织，由于其自身的资源禀赋、技术特征和行业发展水平等因素，其内部结构具有很强的差异性。基于横向技术联盟与研发合作，相关企业能够在技术上共享资源与技术，共同承担创新成本与风险。企业合作创新是一种企业合作创新的方式。企业间的合作创新主要有：关联行业和扶持行业的合作创新，竞争行业的合作创新；在相关及支持产业之间进行合作，比如，生产企业与销售企业之间的合作，主要是为了共同开发市场，而销售企业作为买方，它们所提供的信息和需求常常是技术创新的创新源，这对企业及时、准确地捕捉到市场需求信息有很大帮助，从而提升创新的可行性。

2. 企业与高校的合作创新

长期以来，人们普遍认为，像大学这样的科研机构，在科研领域具有相对优势。企业与高校和科研院所的合作创新是当前国内外学者关注最多的一种模式。大学和研究机构通常拥有很多的人才和技术优势，但是因为受资金和生产条件的限制，他们的技术成果常常难以转化为实际的生产力。而企业尽管拥有强大的生产和经济实力，但是它们的科技开发能力却是非常有限的，它们缺乏能够维持自身生存和发展的技术创新实力，这就让企业与大学、科研机构之间产生了合作的动力，也为彼此之间的合作提供了一个广阔的空间。

熊彼特认为，创新是一种新的生产要素与生产环境的组合，科技与生产活动的融合是一种新的组合，众多的实践证明，"企业-高校"的合作正是一种新的要素组合方式。高校与高校的合作创新是高校高科技资源向高校转化的重要途径。将其与企业工程制造工艺相融合，形成新的工艺组合；高校的科技人员跟企业的产品设计人员、工程技术人员、经营管理人员以及市场营销人员进行了合作，从而实现了人才的新组合。高校所具有的各类信息，就像是国内外最新科技动态、技术发明一样，与企业所具有的生产过程、市场需求、政策法规等信息一致，在企业-大学的合作下，将这些信息汇聚到一起，从而实现了信息的新组合并得到了有效的利用。高校的研发力量和企业的工程制造及商品化能力相互融合，形成了高校的技术创新能力；由企业和高校联合组建的新型技术实体，为技术创新提供了一种高效的组织方式，确保了技术、人才、信息等资源在合作创新过程中能够得到稳定的供应，并能得到有效的组合。

第7章 数字经济下产业的转型升级

制造业转型升级

改革开放后，我国制造业快速发展，已经成为全球第一大制造业国家，在超级计算机、光伏发电、高速铁路、大型飞机等高端制造业中占有一席之地，并培养和成长了一批具有国际竞争力的"领头羊"企业，对促进我国制造业的现代化和提升我国的综合实力起到了重要作用。《中国制造2025》提出了"到本世纪中期，我们将成为一个具有国际影响力的制造业大国"，并将在全球范围内发挥主导作用。但随着我国制造业从"大"向"强"转变，其核心技术领域依然薄弱、比较优势红利消失、国际竞争加剧，迫切需要进行结构调整和转型升级。面对"内忧外患"的严峻形势，数字经济凭借其强大的信息和网络优势，将推动数字产业化和产业数字化，并与传统产业融合，促进企业技术革新、商业模式改变、需求市场扩大，为企业的转型提供了新的契机。

一、数字经济赋能制造业转型升级的机理分析

（一）数字经济以数据为基础要素，促进要素创新

以数据为基本要素的数字经济能够有效地推动传统制造业的生产要素创新。

第一，与其他生产因素相比，数据具有可复制性、易传播性、不可损坏性等特性，因此被称为"21世纪新的石油"，可以大幅度降低生产成本。再者，随着"云网端"等信息化建设的广泛应用，数据的流通速度更快，更容易获取，这将极大地促进数字市场的发展，同时也将极大地提高用户群体的覆盖面，使其更易于形成规模经济，降低生产成本。

第二，与其他物质要素相比，数据要素的供给是无穷无尽的，我们可以利用各种不同的信息终端感知来采集数据，并利用一定的信息技术对数据进行采集、归纳、整理和分析，最终形成有益的信息。

第三，随着"数字经济"的发展，"数据"已经被广泛地运用到各个行业，如工业、农业、服务业等，从而大大提高了整个社会的运作效率。

（二）数字经济以信息技术为核心技术，推进技术创新

数字经济的核心技术是信息技术，它促进了传统制造业的技术革新，其中包括：单个技术的增量创新、突破式创新、新技术系统的创新和多层次的技术–经济范式创新。比如亚马逊于2006年推出云服务，紧接着亚马逊和阿里也相继推出云平台，并将这一新技术推广到更多领域。除了这些，还有许多的新科技，彼此间也有了联系，并持续向各个行业延伸，衍生出了一批新的工业，比如机器人、增材制造等。在不同新技术系统的有机结合下，数字经济带动了整个社会的技术、生活组织方式、商业模式、制度框架等变革，并对经济社会产生了深远的影响。

（三）数字经济以融合经济为手段，助力供给创新

数字经济的特点是"融合经济"，它帮助传统的制造业实现了供给的创新。数字经济将数据作为生产要素，将信息技术作为核心技术，构建了一个虚拟的世界，它突破了时间和空间的限制，给世界带来了新业态和新模式，扩展了世界经济活动的内涵。另外，数字经济不仅带来了数字产业化，也带

来了产业数字化，推动了传统行业的数字技术的运用，也产生了更多的供给，比如百度、阿里巴巴、腾讯等三大企业将云计算、大数据、互联网等新兴技术引入商品流通中，促进了交易、支付等环节的数字化，这在一定程度上也是对实体经济的一种延伸，但其实质仍然是产业数字化。总体来说，数字经济与传统工业相结合，使得传统制造业的供给规模不断扩大，推动其从增量扩能走向优化升级。

（四）数字经济以信息网络为基础设施，推动需求创新

在信息网络的支撑下，数字经济促进了传统制造业的需求升级。在数字经济的时代背景下，信息网络将供需双方的信息进行了有效的整合，从而消除了信息障碍，并对消费需求进行了升级和优化。

首先，在互联网环境下，顾客和制造商之间的信息更加方便地进行匹配，顾客的个性化需求和个性化定制等都有可能实现，制造商可以根据顾客的信息，及时地获取和分析顾客的信息，并利用模型运算等手段，重构产品的生产过程。其次，信息网络融合了数据和信息通信技术，这一点被资本市场所重视，并倾向于投资高科技、战略和先进制造业等高端制造业。最后，正如上文中提到的，数字经济促进了供给创新，提高了我国传统制造业的生产力水平，进而降低了我国对国外高新技术产品进口的依赖。

二、数字经济赋能制造业转型升级的实现路径

（一）数字经济促使制造业由劳动密集型向技术密集型产业转变

随着数字经济的发展，我国制造业已从以劳动为主导向以技术为主导转变。一方面，数字经济利用了信息技术的高渗透性与突破性，与创新相结合，推动了制造业向智能化和服务化方向发展，将信息技术和数据投入从过去的高新技术产业向中低技术产业等扩散，从而导致与过去相比，高

新技术产业在整个制造业中所占的比例逐渐提高，而对于中低制造业来说，它的技术含量与过去相比又有了大幅的提高。另一方面，数字经济带来了智能生产、个性化定制等新兴的商业模式，市场更加重视智能化的、个性化的、多样化的需求，并希望生产端能够予以满足，从而促进了生产端的战略性新兴产业、先进制造业等的快速发展，与此同时，传统制造业也实现了智能化。

（二）数字经济推动制造业向数字化、智能化、网络化转型升级

随着数字经济的发展，中国的制造业正在从"制造"转向"智造"，实现数字化、网络化和智能化的发展。首先，在企业资源管理、研发和生产等方面，对传统的制造企业进行了数字化改造。企业资源管理计划系统、供应链管理系统、生命周期管理系统、柔性制造业系统、制造执行系统等大量信息系统的投入使用，对传统制造业的数字化转型提供了有效的帮助。其次，与数字化过程中机器代替人力的工作方式不同，智能化是由人工智能、神经元网络等技术的革新带来的，它使机器具备了自主学习和自主感知的能力，从而为制造业的智能化开辟了一个全新的发展方向。最后，得益于数字化的发展，数字经济对网络的发展起到了促进作用。生产企业在垂直方向上，通过与消费者和供货商之间的交易，可以降低生产成本，提高产品的流通效率；在水平方向上，制造业企业要把更多的生产装置连接到网络上，以达到互联互通和数据共享的目的。

（三）数字经济帮助制造业产业链升级

数字经济通过数据要素、信息技术和信息网络等要素，帮助传统制造企业从生产环节、研发环节、营销环节等各个环节进行升级。在生产环节，通过重构生产体系、引入先进技术等手段，持续提升生产效率与生产质量，改善生产流程，并借助"大智云移物"技术，实现在降低生产成本的前提下，

提升产品质量，实现生产运营的优化。再者，数字经济还将制造业与其他行业相融合，通过对产品性能更新或者对产品进行再创新，从而带来产品的升级。在设计和研发阶段，数字经济是微笑曲线的顶端，它利用网络化协同模式，帮助企业完成了"贴牌生产—依规设计—自创品牌"的路径升级，将企业利润点转移到了更高价值的研发环节，并通过品牌战略等方式实现了营销环节的跨越。

三、数字经济背景下促进传统制造业转型升级的建议

（一）激发数据潜能，深挖数据价值

在数字经济的背景下，要推动传统制造业的转型升级，就必须充分挖掘其最核心的生产要素，也就是数据，并将其内在的潜能发挥到极致，为此，我们可以通过建立数据产权保护制度、培育数据要素市场、加强数据监管等方式来实现。数据产权保护是保障数据要素畅通流通的根本，虽然《网络安全法》《数据安全法》《个人信息保护法》等法律的颁布为数据要素畅通流通提供了法律保障，但是，数据本身具有较强的复制性、非竞争性、权属复杂等特性，在数据的确权、安全、流通、交易等方面还存在诸多的法律漏洞，迫切需要从立法层面进行完善。为了促进数据要素市场的发展，国家已经制定了一系列的政策，但是，因为数据交易市场比较分散，而且在全国范围内没有对其进行有效的统一管理，这就导致了数据要素市场在数量上有了增长，却没有质量上的提升，在影响力和公信力上都没有得到充分的体现，所以，需要建立一个成熟的数据要素市场，才能有效地激发数据的活力。除此之外，还要强化对数据的监管与执法力度以及有效度，可以适时引入二维码、大数据、区块链等新兴的信息通信技术，来强化对数据内容的掌握。在执法过程中，要注重力度与有效度，并考虑将行政执法与刑事司法之间进行

有效的对接，对行政处罚案件的相关信息进行更深层次的披露，从而达到震慑、规范、教育相关数据使用人员的目的。

（二）提升技术创新基础能力，有效提高利用率

为了能够有效地缩短我国制造业在高端芯片、基础元件、关键设备等高端技术与世界先进水平之间的差距，要积极鼓励传统制造企业加强对技术创新基础能力的培养，具体措施包括：继续加大研发经费投入，建立起规范科学的经费管理机制，不断提高企业研发经费在企业创新活动中的利用效率。鼓励企业开展自主创新，积极应用国家系列政策措施，包括财政补贴、税收优惠、低息贷款和风险共担等，将企业自主投资有效结合国家引导。将"大智云移物"等新兴信息化技术与传统制造业相融合，提高企业在技术创新中的应用效率，从而产生"辐射带动"效应。确保成果落地，推动科技成果的权属改革、所有权奖励等措施，对科研人员的入股、合伙的形式进行创新，最终形成一个以市场化运作为基础的创新和利益共同体，构建和完善科技成果有效转化的激励机制。推动制造业创新平台和工业互联网平台的建设，推动产业升级，加强对已有平台的考核与评估，对各方面的生产要素，包括人才、资金、技术等，进行有效的监管，以保证平台的稳定运行。

（三）发挥"数字红利"，释放产业供给潜能

"数字红利"是数字经济的一种新动力，鼓励制造企业利用新兴信息技术，充分利用这一优势，对传统制造企业进行市场拓展与创新发展具有重要意义。如何更好地运用"数字红利"，充分发挥行业的供给潜能，笔者提出了如下几个建议。

首先，继续推进数字化、智能化和网络化的发展，保证生产要素的自由流通，与顾客的需求和公司的供应进行准确的对接，形成以顾客为中心的精准生产和定制化生产。其次，将顾客的需求和公司的价值相融合，将

顾客的个性化需求和公司的制造成本相融合。再者，跨越信息不对称，实现信息供需的有效匹配，推动产业结构的升级。最后，要用创新来谋求企业的发展，要对企业的创新进行变革，要始终坚持以自主创新为主，从而提高企业的核心竞争力，对产业链技术进行赋能，实现全方位、全流程的企业数字化转型，从而提高企业的生产管理能力，并培育出企业新的利润增长点。

（四）以消费为主导，保障长期需求市场

首先，就市场定位而言，企业及政府应关注消费行为的变化，加强产品更新、提高产品质量、提高购买力，以赢得消费者的信任及取得市场占有率。同时，关注消费者的个性化需求特点，增强企业的灵活生产能力和市场的及时响应能力，结合"大智云移物"和 3D 数字打印等先进制造技术，实现产品质量的提升和服务的延伸，促进内需结构的优化和升级。

其次，在营销上，要顺应时代的发展需求，利用新兴的互联网科技与新媒体的营销方式，不断拓展市场占有率，并通过完善的售后服务，提高顾客体验感，从而形成一个持续稳定、健康有序的网上营销渠道。最后，在市场监管方面，平台经济已经成为一种趋势。但是，这种以"大平台 + 小企业"为主的组织方式，导致了部分平台企业形成了垄断。这时，就需要从政府层面上来加强监管，规范市场秩序，对规范市场行为的一些法律法规加以完善，与此同时，还要加大对一些违法行为的惩处力度，严格约束平台龙头企业的违规行为，促进公平竞争的实现。

农业转型升级

数字农业指的是将自动化技术、计算机云计算技术、定位技术、遥感技术等与传统农业相结合，从而形成一种新型的农业发展方式。大力发展数字农业是国家进行农业现代化建设的必然选择。近年来，国家对数字农业建设给予了高度重视，并先后发布了《"互联网+"现代农业三年行动实施方案》《关于推进农业农村大数据发展的实施意见》《"十三五"全国农业农村信息化发展规划》等多项重要指导文件，但目前对其研究还处于起步阶段，亟待深入研究。数字农业是国家"数字中国"建设的重要内容，也是国家推动乡村振兴高质量发展的有效路径。

一、推广发展数字农业的必要性及意义

（一）巩固粮食安全，需要结合数字化加强精准数据调控

我国是人口大国，要想实现长期的经济和社会的稳定发展，首先要解决的是粮食问题。在此基础上，通过开展数字农业，为实现"藏粮于地"的目标提供了可视化的科技支撑，并在此基础上提出了精准的数据建议，从源头上把握土地地力质量的关键环节，并通过分析不同区域、不同季节、不同气候条件下土壤水分、温度等因子的变化，来指导种子的选育、幼苗的生长管理和病虫害的防治等，以达到消除粮食生产中的"盲区"，保障粮食的增产。

（二）提高农民收益，需要结合数字化降低农业综合生产成本

通过对农用物资的科学核算，实现了对农用物资的合理使用，从而达到

降低农户生产成本的目的。数字农业将传感器的实时在线数据与历史数据相结合，建立了动植物的生长模型，实现了精准的栽培，从而最大限度地发挥了动植物的生长潜能，减少了投资，节省了成本。在此基础上，通过实现对气候变化的精准预测，从而指导农户进行科学的风险防范，减少由于气候剧变造成的巨大损失，提高农业生产的整体效益。

（三）促进农业可持续发展，需要结合数字化加快绿色转型

目前，我国已经从经济高速增长阶段向高质量发展阶段过渡，农业的发展在客观上需要改变原有的粗放、落后的生产方式，而新型的数字农业技术的引入，将会加快农业的绿色转型，推动生态友好型农业的发展，从而实现农业的可持续发展。在数字农业的支撑下，将有可能提供稳定的有机、绿色和生态农产品。信息化和数字化技术可以让农业生产更加精准，让农产品质量评价更加清晰，让农业行业更加环保。

二、我国数字农业发展的现状及存在的问题

（一）我国数字农业的发展现状

1. 具有良好的市场基础和较大的发展空间

目前，中国的网络用户已经达到 10 亿，网络的整体普及率已经达到75%以上，城镇地区更是高达 80%。农村网络用户大约有 2.9 亿，这个数字仍在快速上升。农村地区已具备较好的网络条件，这是开展"数字农业"的良好基础。同时，数据农业洼地效应表现得尤为显著，与制造业、服务业、金融等行业数字化水平相比，农业数字化占比较低。

2. 数字化技术具有很强的渗透性和广泛的覆盖面

目前，数字技术正在加速向传统农业的各个领域和环节渗透，形成了一种全方位、全角度、全链条的数字化转型态势。

3. 数字技术的应用，加快了农业的转型和升级

通过对农业进行数字化改造，保证了农产品的质量安全。通过大数据、云计算平台等，可以为农产品的生产、加工、流通提供精准的信息，从而可以对农产品从种植到消费的全过程进行监管和追溯，从而促进了农业的智能化转型。数字农业在营销环节的介入，扩大了原本的市场边界，从原本的市级市场、省级市场，变成了买全国、卖全国的局面，推动了农业的市场化转型。数据农业可有效减少环境污染，充分发挥其生态价值与绿色效应，推动农业向绿色化方向发展。

（二）我国数字农业发展面临的主要问题

1. 亟须解决的关键核心技术问题

数字农业是一种集计算机、地学、自动化和信息于一体的新型农业管理技术。科技的价值体现在数据的应用上，它的血液就是数据的吸收和扩散。但目前，我国传感器技术的国产化程度还不高，其集成度和精度还不够高，抗逆能力还有待提高，迫切需要开发出具有自主知识产权的农业专用智能芯片和传感器，实现其关键核心技术的自主创新。

2. 信息资源的共享程度需要进一步提升

受到行政部门条块职能划分的影响，各部门在前期建设的数字农业项目中，很难做到数据间的互联互通，数据孤岛的现象十分明显，数据资源的共享程度较低，这对以数据为基础的研发、生产、消费等各个环节的创新产生了一定的阻碍。市际和省际数据之间缺少交互，各自独立工作，不仅导致了重复建设和资源浪费，而且没有形成数据合力，没有形成一个统一的数据资源库。

3. 需要提高学生的问题解决能力

开发数据农业不是为了获取数据而获取数据。由于数据的海量和复杂，亟须对其进行针对问题的云端分析，以解决现实问题。但当前，懂互联网技

术的青年不愿进入农业，懂农业生产的传统农户不懂互联网技术，擅长市场运营的青年与农业生产、中端的互联网技术无法进行有效的交流，使得很多数字农业项目沦为了"面子工程"，并没有起到应有的作用。

4. 金融支持需要加强

在数字农业的建设中，存在着投入大、后续维护成本高、设备更新周期短、技术要求强等问题，这就需要各地财政持续增加投资。但是，当前我国对数字农业的投资力度很小。

三、基于数字农业的生态农业发展建议

可持续发展的目标是：既要保证当前的粮食产量，又要保证未来的粮食产量。在新的历史时期，生态农业是一种行之有效的农业发展方式。加快农业生态转型进程，是实现新发展理念的一次有益的探索。

（一）整合资源，创建农业农村大数据平台

要把"大平台"和"大系统"建设作为"十四五""数字中国"的一部分来规划。紧扣农业供给侧体制改革与高质量农业发展的重大需求，构建县—市级—省级大数据平台，并启动全国大数据集成管理平台。同时，对数据挖掘技术的多种应用模式进行研究，并对其进行示范引导。

（二）深化改革，推进农业大数据融合

要继续深化行政管理体制，突破各部门之间的界限，加快对已有信息资源的整合，消除信息孤岛。要从实际出发，以农业全产业链为主线，整合数据资源，构建以产品类别为基础的条状数据分库及以行政区域为基础的块状数据库，县域农产品生产基地要突出农业示范区、农业现代产业园区的核心地位。在有条件的地方，尤其是在技术水平比较高、拥有大量技术人才的地方，可以尝试建立一个专家库和一个科学研究中心。尤其要重视以网络营销

为基础的专业数据库的构建，各个子库都要从一个公共的数据池中进行挖掘，使其形式多样、功能完备、内容丰富。

（三）系统攻关，加快数字农业技术创新

要突破常规，在与数字农业有关的问题上，进一步加大科技攻关力度。建立一支专门研究制约当前数字农业推广的关键核心技术团队，给予资金、人才、设备、实验等全流程的重要资源支持。要在新的领域和新的模式下，进一步扩大数字农业的技术应用。要提高对传感器等智能设备的购置补贴比重，采取以奖代补的方式，鼓励策划数字农业的成功应用案例。

（四）问题导向，培育绿色生态农业

我国是人口大国，在人均拥有的资源方面，其实还存在着许多不足之处。数字农业不仅是传统农业工业化的一种扩展，而且应该成为由传统农业向绿色、生态农业转变的一种重要推动力量。在数字农业中，应该更加重视对资源的输入和输出的收益进行分析，同时还要重视生态平衡，要对绿色农业的种植方式、管理模式、营销方式、消费文化等方面进行数量化的研究。

要实现农业的跨越式发展，必须要以新发展理念为指引，强调数字农业在农业绿色发展中的重要地位，加速我国农业的转型。

服务业转型升级

根据《全球数字经济白皮书》的统计资料，我们可以看到，中国的数字经济已经在世界上排在了第二位，并且已经成为推动中国经济稳定、快速增长的重要力量。凭借着出色的计算机数据云计算能力和世界第一人口大国所拥有的庞大数据储量，我国已经走在了数字经济发展的世界前列。在我国经济发展新常态化的背景下，数字经济也渐渐变成了对新旧服务业市场进行整合，推动我国第三产业稳定发展的重要引擎。

一、服务业数字化转型升级的有利因素

（一）信息通信服务业发展趋势迅猛

自从信息通信服务行业出现之后，它就成了数字经济与服务行业相结合而形成的一种新型的服务领域，再加上它与大数据时代的发展趋势相适应，所以它的发展势头非常迅猛，服务产能有了很大的增长。与此同时，它也为传统服务领域开拓了新的领域，为传统服务领域的发展注入了新的活力。信息通信服务行业是服务数字化转型升级的一种尝试，它有着稳步的发展态势，这表明了将数字经济与服务业融合发展是可行的，这为服务业领域的数字化转型升级提供了良好的产业基础。

（二）底层计算基础设施不断完善

大数据、人工智能运算、云计算等互联网信息通信科学技术的不断涌现和发展，为数字经济与服务业更好地融合奠定了良好的底层计算技术基础。

此外，这些通信信息技术可以为服务业数字经济的稳定发展提供全方位的支撑。随着阿里巴巴"阿里云"、京东"智联云"、腾讯科技"腾讯云"等云计算技术平台的不断涌现和应用，为交易频繁、数据复杂的电子商务服务提供了强有力的技术支撑，极大地提升了电子商务的数据处理能力。与此同时，以云计算为代表的底层计算技术在社会生活服务中得到了广泛的应用，这将极大地促进社会经济服务中的数据和信息资源的整合，促进社会公共服务的数据化，将极大地方便政府部门对社会公共服务数据进行整合，并促进服务数据的开放共享。

（三）物流基础网框架建设完备

近几年，伴随着电商产业的快速发展，我国的物流网络得到了很大的改善，物流网络也在逐渐完善。区块链、人工智能等数字技术在物流方面的运用也取得了令人瞩目的成果。例如，菜鸟网络利用区块链技术，向顾客展示整个物流过程中的货物真实位置，为顾客提供安全、可靠的配送信息，大大提高了服务行业为顾客提供的服务体验。再比如，京东建立了京东物流平台，该平台覆盖了发货、调件、运输、签收等全流程，并利用人工智能技术促进了物流流程的智能化与自动化，建立了一个智能运输与仓储平台，大大提升了物流流程中的处理效率。物流基础网框架的建立和完善，意味着服务业的线上和线下融合应用的速度正在加快，这为服务业的数字化转型升级创造了有利的条件。

二、数字经济推动服务业的重要意义

（一）减少中间费用，有效降低成本

由于传统的服务行业本身存在着"信息封锁"的缺陷，因此很难在最短的时间内准确地了解到顾客的真实需求，此时就必须向某些信息不闭塞的

中介公司支付一定的费用，以获得更多的信息，从而极大地增加了企业的运营成本。但是，伴随着服务业数字化转型升级的速度越来越快，服务业已经能够借助互联网技术，建立起自己的信息获取—生产—销售—售后的直接对接消费者的生产经营模式，这样就省去了烦琐的中间环节，这不仅有效地优化了服务流程的工作模式，还将传统服务业的经营成本完全降低，从而创造出更大的利润空间。同时，伴随着数字技术的不断融合和应用，人们购买服务的方式也从原本的刷卡、付现金等传统的支付方式，变成了扫码支付、人脸支付等现代的新型移动支付方式。这些新的支付模式的出现，极大地降低了交易双方的交易成本，促进了交易数量的增长，提高了交易的效率。

（二）打造新型服务理念，拓宽服务领域

伴随着数字经济与服务的逐步融合，服务部门以互联网信息技术为基础，对市场的需求进行了实时、准确的采集，并以此为基础，不断地开发出新的空间，使服务深入到人们的生活中。比如，在最近几年，一种新型的服务理念，就是一种叫作共享服务经济的理念，它是"数字经济+服务业"的融合产物，一方面，以数字经济所带来的先进信息数据收集技术为基础，把共享物品投入有巨大需求的市场之中，并通过移动支付，让人们可以更方便地享受到共享服务的支付过程，从而提高人们的消费服务体验。另一方面，共享理念的蓬勃发展，使服务行业"以人为本"的内涵更加丰富，使服务行业更具公开性、全面性和透明性，赋予了服务行业更大的发展空间。

三、服务业数字化转型发展的未来方向

（一）强有力的数字经济监管政策出台，及时填补了服务治理缺陷

在服务业数字化发展的初始阶段，人们对这种新兴的经济形式缺乏认识，致使一些服务领域出现了混乱现象，严重影响了服务市场的高效运行。

对此，国家积极出台了相关的监管政策，经过几年的监管治理，服务乱象已经被有效地规范。比如，在互联网金融服务领域，在发展初期，各种贷款平台突然冒出来，套现、高利贷、骗贷等损害法律权威的行为屡禁不止，甚至还有人因此家破人亡，对社会造成了极其恶劣的影响。

（二）以数字经济技术为基础，全面提升治理质量

数字经济在给服务业带来新活力的同时，也极大地增加了服务管理的难度，并带来了一系列的问题。就拿最近几年出现的共享单车来说，在面对消费者将共享单车乱停、乱放现象的时候，一方面，政府应该成为一个带头人，通过出台相关的规范政策，对乱停乱放的社会现象开展监督和治理。另一方面，交通运输部门也要对城市的停车范围进行规划，制定停放管理细则，从而达到让共享单车行业规范有序的发展目的。另外，共享单车企业也要积极运用互联网数字信息技术，在车辆管理方面进行技术革新，推进共享单车管理的智能化、数据化、便捷化。与此同时，要适应市场环境和时代潮流，主动优化和升级共享单车服务系统，构建一个共享单车位置信息和使用情况信息收集、管理和应用的信息数据流通系统，实现精准投放、科学规划，提高共享单车的服务质量，为消费者的日常出行提供更好的服务体验。

四、数字经济推动服务业转型升级的具体途径

（一）革新服务技术，促进生活性服务与生产性服务一体化发展

随着数字经济的发展，诸如云计算、云服务、人工智能、区块链等数据信息技术正在逐渐地变成生活性服务与生产性服务融合发展的养分，从而推动生活性服务与生产性服务技术的转型与升级。一方面，数字经济所带来的技术变革，极大地提高了人们在日常生活中所能享受到的服务质量，这使得服务行业中存在着技术基础薄弱、分布不均、地区差异大等问题，得到了极

大的改善。同时，数字化技术也将智能化和自动化等高科技创新引入生产性服务领域，通过底层计算技术，实现生产过程的自动化、智能化和集成化，有效保证了产品质量，节省了人力资源，从而使制造业和制造服务业朝着"工业 4.0"的方向稳步发展。由于数字技术在生活性服务业和生产性服务业上的共性适用，为推动生活性服务与生产性服务集成融合提供了坚实的技术基础。除此之外，随着智能仓储、无人超市等智能技术产品的普及和发展，生活和生产融合发展的框架也逐渐变得完善和成熟起来。利用互联网信息技术所采集到的实时消费数据，不仅能够帮助生活性服务业对其存在的问题进行有效的改进，提升其服务质量，而且能够为生产性服务业带来及时、准确的市场信息，从而使得生产性服务业能够以消费数据为依据，对产品结构进行优化和升级，设计出更符合大众需求的产品，为消费者提供更好的消费体验，从而实现去产能化的生产目标。

（二）监管创新和服务创新并行发展

从根本上说，服务是一种无形的东西，它具备着无形性、不可存储等特点。随着互联网技术在人们的日常生活中越来越广泛地应用，网上交易的规模也在不断地扩大，因此，由服务交易所引发的服务风险，如信息不一致、失信风险、质量风险等，都比实体交易风险要大得多。因此，在推动数字经济和服务业一体化融合发展的过程中，政府要针对相关的风险，制定一系列的政策，并出台法律法规，对其进行有力的法律规范，创造出企业、社会和个人三方的信用环境，特别是要充分运用大数据技术，实现企业与个人之间的信用信息共享，加大对失信等欺骗行为的惩处力度，通过罚款的征收、信用评分降低等措施，有效地提高失信付出的代价，减少失信行为的发生，构建一个诚实守信、规范有序的服务市场体系。服务业和数字经济的融合发展，将会给服务的创新带来新的发展。但是，对于因服务创新而导致的新的服务混乱，还需要用监管创新来对其进行有效的规范，使服务创新和监管创新共同发展，只有这样，数字经济才能促进服务业的转型升级，从而实现数字经济和服务产业共同发展的双赢局面。

　　笔者对数字经济的理念内涵进行了论述，并与服务业数字化所具有的优势相结合，将数字经济贯彻融入服务业中的重大意义进行了深刻的分析，并明确指明了数字经济与服务业深度融合发展的道路。在大数据时代下，服务业的数字化，与数字经济相融合，是一条必然的道路，而传统的服务业已经无法满足时代的需求，所以，我们要利用数字经济的各种技术，将服务与消费者的需求相结合，使服务业在"以人为本"的基础上，不断地创新，不断地完善自己的服务，扩大自己的服务范围，使服务业始终保持着旺盛的生命力。在将数字经济融入服务业的过程中，同样需要坚守服务本心，主动适应新时代发展变化，始终沿着正确的方向前行，从而推动服务业可持续、健康、稳定的发展。

第8章 推动数字经济转型

推动数字经济转型的新科技

一、数字经济与绿色发展

数字经济是一种包含了众多数字要素的新型经济范式，它的禀赋中蕴含着强大的绿色基因，它不仅可以直接利用新型业态的引入，对产业结构进行改善，降低高污染产业的比例，还可以间接地利用数字技术，对生产过程进行赋能，提高生产效率，降低能源消耗，从而给经济生活增加了更多的绿色成分。在新经济模式的引进方面，将数字经济与农业、工业有机结合，从而产生了"数字农业园区""智能制造"等一系列新经济模式。在这些新业态的引导下，农村和城市的生产主体将大大降低对能源的依赖，减少不必要的资源消耗，促进节能环保型产业的发展，从而使整个行业实现了绿色转型。从数字技术赋能的角度来看，与矿物、岩石和化石燃料等不可再生的有形物质资源相比，数字技术可以被看作是一种"取之不尽，用之不竭"的非物质资源。在绿色产业发展和绿色产业结构转型中，数字化技术起到了不可替代的推动作用。数字技术可以有效地将产业链与供应链中的"生产—运输—消费—回收"全环节进行贯通，在提高资源利用效率的同时，还可以削减链上高污染节点，对产业链和供应链污染排总量进行统筹控制。因此，本研究提出了"数字经济"的概念，即"数字经济"可以加速产业的"绿色升级"和"绿色减排"。

二、科技创新与绿色发展

科技创新是推动绿色发展的原动力。以科技创新为强大动力，推动绿色创新链和产业链的深度融合，引导经济和社会的生产和消费方式向绿色化转变。首先，通过技术创新，推动了绿色生产的发展。以农业为例，在科学技术的推动下，农业生产方式必将迎来一场崭新的变革。通过科技创新升级的农业生产模式，可以及时跟上农业环境的动态变化，对农业生产过程中农药、化肥、抗生素等物质的用量进行严格控制，可以有效地减少资源损耗，消除环境污染隐患，从而推动农业产业进行绿色生产。

对于工业来说，科技创新可以促进工业生产技术和装备的高端化和智能化改造，并向节能、环保和资源循环利用等方面倾斜，从而促进工业企业从源头上减少废气、重金属和废水等污染物的排放，从而实现工业的绿色生产。同时，通过科技创新，可以优化我国的能源消费结构。从实际情况来看，随着科学技术的飞速发展，大部分重污染型和能源过度依赖型的落后产能正在逐步被经济和社会所淘汰，而少数的落后产能，在科技创新的支持下，将先进的绿色技术和绿色工艺渗透到了工业生产的每一个环节中，最后渐渐偏离了原来的发展道路，朝着清洁和节能的生产方向发展。这将促进中国总体的能源消费结构不断优化，逐步向"绿色""节约型"的方向迈进。

三、数字经济在科技创新推动绿色发展中的调节效应

从实质上来说，数字经济是一种以数字技术为工具，在各个层次上对传统的产业和经济体制进行创新，它是一种非常有创意的经济。

从企业的角度出发，可以看到，在数字经济领域中，大部分的企业都具

有比较集中的知识密度，它们拥有着丰富的创新资源，它们的科技创新水平比其他产业要高得多，它们可以在科技创新驱动的绿色发展的过程中发挥出自己的主体作用。从产业的角度来看，数字经济可以不断地向生产体系输出信息化中间品，从而推动其他产业的数字化转型升级，从而使得科技创新环境得到了优化，这也有利于科技创新的绿色价值的发挥。同时，数字经济还表现出了显著的创新特性，推动了资源整合和区域协作。一方面，在云计算和 5G 通信等新兴技术的支撑下，数字经济出现了一批将人才、金融和资源等要素聚集起来的数字平台。这类平台的产生，有助于整合闲置的市场资源，打破科技创新获得外部资源的障碍，帮助科技创新更好地为绿色发展服务；而现代信息网络是数字经济的主要载体。通过这一载体，区域之间的创新主体可以共同挖掘和破解科技创新中的共性和个性难点，从而夯实科技创新服务绿色发展的基石。

加快数字化转型步伐

习近平同志不止一次地指出，要推动互联网、大数据和人工智能同实体经济深度融合，做大做强数字经济。李克强同志在 2021 年国务院工作报告中指出，要加快数字发展，构建数字经济新优势，共同推动数字产业化与产业数字化转型，加快数字社会建设，提升数字政府建设水平，构建一个良好的数字生态，推动数字中国的建设。加快数字经济的发展，已经被党中央、国务院提到了前所未有的高度。

一、数字经济是全球未来的发展方向

习近平于 2020 年 11 月 20 日在亚太经合组织第 27 届首脑会议上，明确提出"数字经济是全球未来的发展方向"，并对其发展前景作出了准确判断。尤其是在全球抗击新冠疫情的过程中，远程医疗、在线教育、协同办公、跨境电商等服务被广泛应用，这更加展现出了数字经济发展的潜力和韧性。

数字经济规模持续扩大。数字经济的增加值从 2018 年的 30.2 兆美元增长到了 2019 年的 31.5 兆美元；中国的数字经济增加值从 2005 年的 2.6 万亿元增加到了 2019 年的 35.8 万亿元，这是一个新的发展阶段。而在发达国家中，数字经济所占的比重更大。中、美、日、德、英等国的数字经济在世界上所占的比例达到了 78.1%，在世界上占有了很大比例。

数字经济的地位不断提高。全球 47 个主要国家数字经济增加值占 GDP

比重从 2018 年的 40.3% 增加到 2019 年的 41.5%；中国的增加值在国内生产总值中所占的比例从原来的 14.2% 上升到了 36.2%。在美国、德国、英国这几个经济发达国家，其数字经济所占的比重都超过了 60%。数字经济在世界上的作用越来越大。

"逆势上扬"的数字经济速度加快。在 2019 年的数字经济中，其增加值的名义增长速度为 5.4%，比 GDP 的名义增长速度快了 3.1 个百分点；中国的数字经济增加值以 15.6% 的速度增长，超过了 GDP 的名义增长速度 7.85 个百分点，在世界上处于领先地位。中国综合发展研究院《中国数字化之路》（*China Company Information of China*）发表了一份报告，报告预测中国的数字经济在 2020—2025 年期间将以 15% 的平均速度增长；到 2025 年，我国的数字经济规模将达到 80 万亿元；中国的数字经济规模预计将在 2030 年突破百万亿元。

二、产业数字化是数字经济发展的主战场

数字经济已进入"数字产业化"、"产业数字化"、"数字治理"和"数据价值化""四化"协调发展的新时期，"数字产业化"是引领，"数字治理"是保证，"数据价值化"是基础，"产业数字化"是根本。在数字经济的发展过程中，工业数字化成了主要的阵地和战场。

在数字经济中，工业数字化是一种重要的推动力量。2019 年，世界范围内，工业数字化在数字经济中所占比例达到 84.3%，在国内生产总值中所占比例达到 35%；中国工业数字化的增加值为 28.8 万亿，占数字经济比重达 80.4%、占 GDP 比重达 29%。在数字经济中，产业数字化已成为重要的推动力。

数字经济加速向三次产业渗透。数字经济在各个行业的渗透速度加快，

全球服务业占 39.4%，工业占 23.5%，农业占 7.5%；中国服务业的数字渗透率为 37.8%，工业的数字渗透率为 19.5%，农业的数字渗透率为 8.2%。产业数字化应用正从单一的应用走向持续的协同，数据融合和平台赋能是其核心。

参考文献

[1] 刘元. 数字经济发展对数字河北建设的驱动研究 [J]. 商业观察, 2022, (21): 37-40.

[2] 王志刚, 金徵辅. 以数字财政建设推动数字经济高质量发展 [J]. 信息通信技术与政策, 2022, (1): 32-36.

[3] 韩笑. 关于信息化时代中国政府数字经济建设思路分析与展望 [J]. 质量与市场, 2020, (21): 134-135, 138.

[4] 赵慧. 数字经济背景下经济学学科建设问题探析 [J]. 高教论坛, 2022, (10): 52-54, 122.

[5] 黄宜华. 建设数字经济创新发展新高地 [J]. 群众, 2021, (2): 21-22.

[6] 刘密霞. 数字化转型推进国家治理现代化研究——以数字中国建设为例 [J]. 行政管理改革, 2022 (9): 13-20.

[7] 荆文君, 孙宝文. 数字经济促进经济高质量发展: 一个理论分析框架 [J]. 经济学家, 2019 (2): 66-73.

[9] 陈邑早, 于洪鉴. 数字中国建设与经济高质量发展: 效应、机理与驱动因素 [J]. 西部经济管理论坛, 2022, 33 (5): 47-56.

[9] 任保平. 数字经济引领高质量发展的逻辑、机制与路径 [J]. 西安财经大学学报, 2020, 33 (2): 5-9.

[10] 宋洋. 经济发展质量理论视角下的数字经济与高质量发展 [J]. 贵州社会科学, 2019 (11): 102-108.

［11］师博，胡西娟. 高质量发展视域下数字经济推进共同富裕的机制与路径［J］. 改革，2022（8）：76-86.

［12］曾铮，王磊. 数据要素市场基础性制度：突出问题与构建思路［J］. 宏观经济研究，2021（3）：85-101.

［13］王晨. 基于公共价值的城市数字治理：理论阐释与实践路径［J］. 理论学刊，2022（4）：161-169.

［14］张庆龙. 数字经济背景下集团财务组织架构转型趋势分析［J］. 财会月刊，2020（14）：10-14.

［15］曾鸣. 智能商业.［M］. 北京：中信出版社，2018.

［16］彼得. 圣吉. 第五项修炼——学习型组织的艺术与实务［M］. 上海：上海三联书店，2003.

［17］范柏乃，段忠贤. 数字经济安全风险防控机制建设路径探讨［J］. 国家治理，2022，（5）：43-46.

［18］姚春彬. 数字经济重点领域标准体系建设的"浙江路径"［J］. 信息化建设，2022，（7）：54-57.

［19］张昉骥，肖忠意. 数字经济法治体系建设重点领域与有效路径［J］. 人民论坛，2022，（5）：94-96.